A SERENIDADE *da* RENÚNCIA

LARISSA CRUVINEL

A SERENIDADE *da* RENÚNCIA

Uma bússola para *mulheres* corajosas decidirem autenticamente por serem *(ou não)* mães

PREFÁCIO POR
ANA CANOSA

Revisão
SANDRA DINIZ COSTA

Capa & diagramação
HELLEN PIMENTEL
(Narrativa Editorial)

Dados Internacionais de Catalogação na Publicação (CIP)
(Câmara Brasileira do Livro, SP, Brasil)

Cruvinel, Larissa
A serenidade da renúncia : uma bússola para mulheres corajosas decidirem autenticamente por serem (ou não) mães / Larissa Cruvinel. -- Uberlândia, MG : Ed. da Autora, 2023.

ISBN 978-65-981915-0-4

1. Maternidade - Aspectos psicológicos 2. Maternidade - Aspectos sociais 3. Mulheres - Aconselhamento 4. Relacionamento familiar I. Título.

23-180635 CDD-306.8743

Índices para catálogo sistemático:

1. Maternidade : Relacionamento familiar : Sociologia 306.8743

Tábata Alves da Silva - Bibliotecária - CRB-8/9253

Dedico este livro a todas as mulheres que já se sentiram sozinhas e perdidas, ao refletirem sobre sua relação com a maternidade. Este livro é para vocês que querem viver de forma autêntica e serena –com ou sem filhos.

AGRADECIMENTO

Escrevo este agradecimento no leito 715 do Hospital do Câncer de Uberlândia, acompanhando minha mãe em seu segundo ciclo de quimioterapia. Hoje é um dia chuvoso de janeiro, mas é também o dia em que inicio a escrita deste livro. Estreio este tão sonhado projeto pelo agradecimento porque, de fato, é o sentimento que me envolve, apesar de tudo à minha volta estar incerto.

Daqui a 12 dias, completo 35 anos e passa um pequeno filme em minha mente, enquanto observo o entorno. Absolutamente nada é como eu planejava que seria. Quem imagina que, aos 35 anos, estaria desempregada, sem filhos, com o casamento em crise e com pai e mãe em tratamento de câncer? Ainda assim, estou confiante como nunca. Estou conseguindo manter a esperança de que dias melhores virão e de que este livro será um processo transformador.

Solto um suspiro e meu raciocínio é interrompido pela minha mãe perguntando quanto tempo demora, porque está com fome. Kelly, a paciente do leito 716, ri e comenta que ela não tem conseguido comer muito bem. Ambas começam a trocar receitas para amenizar os sintomas do tratamento: gengibre, boldo, gelatina, cápsula de ora-pro-nóbis, graviola.

É curiosa a facilidade que minha mãe tem para puxar conversa, dar dicas e se comparar. Acabou de perguntar quanto tempo Kelly tomará medicamentos e teve a audácia ingênua de comentar "O seu é mais fraquinho que o meu". Olho para o lado e troco risadas com o acompanhante da dona Clarice do leito 714. Ele, assim como eu, deve ter aprendido a rir das bobagens que nossas mães às vezes falam.

Tenho profunda gratidão por minha mãe, **Sandra**. Ela não me desejou, mas me escolheu. Explicarei melhor mais adiante. Ainda assim, cuidou de mim da melhor forma que conseguiu e tenho muito orgulho de todos os seus ensinamentos e batalhas travadas em meu favor. Hoje, por ser uma mãe muito "coruja" e acreditar que eu tenho o melhor marido do mundo, ela tem dificuldade de compreender meus questionamentos sobre o real desejo de viver a experiência de gerar e educar um novo ser. Caso o leia, espero que este livro lhe permita me conhecer melhor.

Sou grata ao meu pai, **Mário**, por me inspirar a trilhar meus próprios caminhos. Ele não me desejou, mas enfim aceitou a escolha da minha mãe. Ouso dizer que tive vários pais (por mudanças dele e minhas de interpretação) e hoje convivo com sua melhor versão. Versão esta que aflorou há poucos meses, quando ele iniciou seu tratamento contra leucemia. Reaproximamo-nos e descobrimo-nos como nunca antes. Caso leia, espero que este livro o deixe orgulhoso.

Há, aproximadamente, duas semanas cumpri o aviso prévio no meu trabalho. Quando decidi pedir demissão, temia ficar órfã, sem ter tido a oportunidade de usufruir de um tempo de qualidade nos possíveis últimos meses de vida dos meus pais. Hoje, já não sinto mais medo de perdê-los, sinto gratidão por estar física e emocionalmente disponível para ambos neste momento delicado e para, enfim, dedicar-me à escrita –grande paixão reservada, até então, aos meus diários.

Meu telefone toca. Minha avó materna, **Marilene**, quer notícias da minha mãe. Jamais poderia deixar de agradecer-lhe também por sua doçura e pelas infinitas conversas afetuosas. Para mim, ela sempre foi uma mulher forte. Certa vez, quando perguntei se hoje em dia ela teria filhos, minha avó se permitiu, no auge dos seus 80 anos, parar e refletir antes de me responder. Não caiu na tentação de reproduzir o famoso "ser mãe é a melhor coisa que existe" e, mesmo reconhecendo que nem sempre ser mãe foi passível de escolha, alegou que hoje teria igualmente escolhido ter filhos.

Reconheço a minha mãedrinha, **Cristiane** –que jura lembrar do meu cheiro de bebê –por me proporcionar inúmeras memórias afetivas junto aos meus primos, Arthur e Bruno, e me inspirar a ser uma madrinha legal para meus queridos afilhados Clara, Davi e Carlos Henrique, bem como para os afilhados "por tabela" Guilherme, Gabriel e Alissa. Adoro ser chamada de "Dinha" e amo demais acompanhar o desenvolvimento desses pequenos!

Ao meu esposo e maior apoiador, **Gustavo**, agradeço pelas inúmeras vivências compartilhadas. Por seu olhar acolhedor e apaixonado há 18 anos. A dúvida sobre ter ou não filhos é unicamente minha. Talvez essa escolha possa nos fazer trilhar caminhos separados, mas não temo esse destino. Este descompasso de posicionamento tem afetado negativamente a nossa relação ultimamente, mas estou convicta de que, desde o primeiro mês juntos, somos fator de soma na vida um do outro e sou imensamente grata por caminharmos juntos até hoje.

À minha sogra, **Dilma**, agradeço por ser uma mãe de muita fibra para Gustavo e para meus cunhados. Sempre zelosa e prestativa, seu cuidado com o próximo é marca registrada de uma mulher amorosa que muito nos ensina pelas atitudes. Ao meu sogro, **Carlos**, agradeço pela convivência leve e pela simplicidade inabalável. Sei que eles sonham com uma casa cheia de netos e acreditam não ser possível ser plenamente feliz sem filhos. Reservo à sabedoria do tempo nossa capacidade de seguirmos trilhando caminhos respeitosos, apesar de quaisquer diferenças que possam vir a existir sobre o entendimento de "família feliz".

Às minhas queridas **amigas mães** – Amanda Castro, Ana Carolina Araújo, Ana Luiza Sobreira, Angélica Tomás, Camilla Pereira, Carolina Cherulli, Cláudia Guerra, Érica Beranger, Érika Bonfim, Fabiana Amorim, Fabrícia Andrade, Flávia Araújo, Hérika Mota, Isabela Araújo, Larissa Paes, Ludmila França, Mariana Batista, Sarah Real e Thayanne Rezende –agradeço por partilharem comigo suas jornadas de gravidez e de criação, com muita transparência, confiança e humor. Confidenciaram dores e delícias que nem toda mãe se permite anunciar e eu aprendo muito com todas essas histórias e sou profundamente influenciada a refletir sobre o quanto me vejo ou não trilhando caminhos semelhantes.

À minha madrasta, **Hégena Costa**, e às outras queridas **mulheres não mães por escolha ou circunstância** –Alexandra Velho, Ana Paula Rabelo, Danielle Soares, Letícia Magalhães, Letícia Silva, Linda Mar Peixoto e Roberta Jannini –agradeço por serem tão adoráveis, bem resolvidas e confiantes e, assim, me mostrarem novos caminhos de autorrealização para além dos filhos.

Valorizo o apoio das minhas **amigas que ainda não são mães, mas sonham com essa experiência**– Alessia Signoriello, Andressa Reis, Ana Flávia Martins, Bianca Coutinho, Daniela Ferrari, Isadora Carvalho, Liziane Leite, Lorena Massa e Sabrina Pereira–agradeço por serem incríveis e nunca terem me julgado mal por questionar a escolha da maternidade para a minha vida. Somos todas unidas pela reciprocidade de carinho, de admiração e de respeito. Sou uma mulher de sorte por ter relações tão preciosas!

À **Marília** e ao **Matheus**, minha gratidão por ensinamentos sobre fraternidade e criação de filhos que talvez eles nunca saibam que me transmitiram, mas sobretudo, por simplesmente serem meus irmãos e compartilharem momentos importantes ao lado dos nossos pais que nos criaram da melhor maneira que puderam.

À minha **rede parceira e voluntária** –Alexandre Oliveira, Aline DalMagro, Amalia Safatle, Ana Canosa, Anna Luíza Bezerra, Ana Luisa Rolim, Anna Paula Graboski, Amandha Monteiro, Bia Diniz, Carol Tilkian, Carol Rodrigues, Cristina Pinho Sartori, Ferdinando Kun, Fernanda Andrade, Francine Póvoa, Jéssica Martins, Jéssica Paraguassu, Juliana Inhasz, Karla Tenório, Lênia Luz, Letícia Tomazella, Luana Fernandes, Luana Teixeira, Mariana Bicalho, Monalisa Gomes, Priscilla Couto Rafael Dantas, Renata Moraes, Renata Santana, Renato Caminha Stephanie Bloom e Taty Ferreira –agradeço por apoiarem na divulgação deste livro. Graças a vocês, mais pessoas poderão adquiri-lo e, juntos, contribuiremos com o belíssimo trabalho realizado no **Hospital do Câncer de Uberlândia** que atende, mensalmente e de forma gratuita, mais de

7.000 pacientes oncológicos do Triângulo Mineiro e Alto Paranaíba. Comprometo-me com a doação integral da receita líquida obtida com a venda deste livro durante o primeiro mês após o lançamento.

Agradeço aos meus mentores, **Arnaldo Neto e Dany Sakugawa**, bem como a todos os colegas escritores e apoiadores que conheci por intermédio das mentorias. Vocês me fizeram acreditar ser possível sonhar em ver um livro de minha autoria aquecendo outros corações.

Por fim, agradeço a todas as pessoas que se interessaram por esta obra e irão dedicar seu precioso tempo de vida nesta leitura. Que ela traga identificações, boas reflexões e apoio para a dura jornada de escolher a que renunciar. Tenhamos almas corajosas e corações serenos!

PREFÁCIO

UMA DAS MAIORES DIFICULDADES HUMANAS É CONVIVER COM A dúvida. Se defrontar com ambivalências, aceitar as contradições e, ainda assim, fazer escolhas. Em um tempo em que a "sabedoria" encontra voz nos muitos que vendem certezas sobre como aplacar as dores humanas, admitir que não há resposta definitiva e que nunca saberemos como a narrativa seria se tivéssemos escolhido o caminho do outro lado da margem, é certamente uma atitude de coragem.

Neste livro, você será conduzida por uma jornada única e necessária, que aborda um dos dilemas femininos mais complexos e prementes de nossa época: a maternidade como uma escolha consciente, uma decisão individual, e não como um "chamado universal" que se impõe a todas as mulheres. Refletir sobre o significado da maternidade e como ele se encaixa (ou não) no seu projeto de vida é fundamental. É preciso entender que nosso papel neste mundo está repleto de expectativas e pressões sociais que nos instigam a deixar legados alinhados com propósitos – e a maternidade parece o selo dessa "garantia".

Tendo eu mesma passado pelos questionamentos sobre o desejo de ser mãe, tempos atrás, me identifiquei com inúmeros questionamentos da autora e os enfrentamentos que ela se propôs a fazer. Seria o amor materno o "maior amor" que uma mulher pode experimentar? É possível passar pela turbulenta e desafiadora existência humana, sem os prazeres cotidianos da criação e condução de filhos? Ainda carregamos o ímpeto biológico e psíquico de deixar descendentes? Como encontrar pertencimento sem seguir as referências institucionalizadas básicas sobre amor, casamento e constituição familiar? É possível ser uma mulher "inteira" sem ser mãe? E quem nos tornamos quando escolhemos seguir um caminho menos convencional ou quando a realidade difere drasticamente de nossas expectativas?

Estamos rodeadas de crenças sobre maternidade que a tornam uma experiência "divina", portanto, você encontrará neste livro uma ousadia "profana", necessária e acolhedora da multiplicidade de perspectivas. Larissa nos convida para uma conversa íntima, honesta e não extremista –nem romantizada, nem fatalista. Sua escrita é de uma transparência que, por vezes, beira ao desconforto já que seu texto tem um quê de sessão de terapia. Tive a sorte de acompanhar um período dessa caminhada e é muito gratificante testemunhar a escrita como ferramenta poderosa de autoconhecimento e transformação. Nas páginas a seguir as leitoras serão incentivadas a tomarem decisões conscientes sobre a maternidade, baseadas em seus valores e desejos autênticos, não em pressões sociais ou familiares.

Aliás, acredito que esta obra pode não só ajudar mulheres, mas também suas parcerias afetivas. Será tão interessante quando os homens passarem a pensar a paternidade com a complexidade que merece, logo, esse livro é para eles também.

Prepare-se, leitora ou leitor, para navegar por importantes reflexões acerca da decisão por ter (ou não) filhos e, juntamente com Larissa, desatar alguns nós!

ANA CANOSA
[https://anacanosa.com.br/]
Psicóloga clínica, terapeuta sexual e educadora em sexualidade. Host do Podcast **Sexoterapia** de Universa UOL

SUMÁRIO

INTRODUÇÃO

Nunca gostei de pessoas com muitas certezas. Tenho aptidão para questionar e orgulho-me de mudar de opinião. Mas algumas "verdades" são praticamente impostas e indiscutíveis.

Quando se é mulher, a maternidade é tida como pré-requisito para a autorrealização. Com o relacionamento estável e a chegada dos 30 anos, pessoas se sentem no direito de perguntar "Você JÁ TEM filhos?" como se as únicas respostas possíveis fossem "Sim" e "AINDA não".

De uns tempos para cá testei responder: "Não, nem penso em ter", "Não e já congelei meus óvulos para o caso de eu mudar de ideia no futuro mais distante", "Não, eu e meu marido optamos por não ter filhos", "Não – e um sorriso falso". A verdade é que este é um tema sensível e poucas pessoas se dão conta dos efeitos que esta simples pergunta pode acarretar.

Para quem está tentando e não consegue, para quem já sofreu abortos, para quem está em crise no casamento, para quem tem filhos problemáticos (podemos usar esse adjetivo para filhos?), para quem está passando por uma depressão pós-parto ou até mesmo se arrepende de ter tido filhos, para quem ainda não tem certeza dessa escolha ou não encontrou a parceria com quem sente segurança em constituir uma família. Aliás, a partir de quantas pessoas se faz uma família?

Hoje tenho uma família de dois. Eu e Gustavo estamos juntos há 18 anos. Tenho mais tempo de vida ao seu lado do que sem ele. Acho nossa história linda e é ela que me ajuda a passar pelos momentos de incerteza e de desencontros, afinal, relacionamentos são feitos de altos e baixos e nos baixos é importante ter muitos altos do passado para se apegar e muito desejo de seguir aprendendo, crescendo e construindo novas boas lembranças. Somos versões melhores do que quando nos conhecemos e isto faz muito sentido para que continuemos juntos.

Há cerca de cinco meses, entramos em uma fase "azeda". O trabalho me consumia muito, estávamos nos desencontrando em vários aspectos (no diálogo, na cama, em casa) e há poucos dias minha mãe havia descoberto um câncer de intestino e não tinha plano de saúde, por escolha, não por falta de condições financeiras. A reação dela estava estranha: um misto de deboche, vitimismo e infantilidade. Senti muita raiva! Ainda não entendia as fases comuns dessa doença e que a negação era a primeira delas.

Gustavo organizou uma breve viagem para Península do Maraú, na Bahia. Entre suas muitas qualidades é um homem generoso, sensível e proativo. Porém, já no embarque, tivemos alguns atritos. O voo estava lotado de bebês e de crianças. Não me lembro como, mas o assunto "filhos" veio à tona e eu lhe respondi de forma atravessada. Estava ficando cada vez mais nítido que esse tema era (é?) uma questão mal resolvida entre nós.

Pouco depois do desembarque, conseguimos contornar o "climão" inicial e, apesar da chuva torrencial na maior parte dos dias, aproveitamos nossa viagem. Tateamos o assunto em algumas conversas durante caminhadas na praia e combinamos que seria importante falarmos mais a respeito dos nossos projetos pessoais de vida. Reconhecemos nossa tendência individualista e seu impacto nas decisões que nos afetam mutuamente, como a escolha por termos ou não filho(s).

Era sábado, dia 3 de setembro de 2022, quando regressamos para casa. No almoço de domingo, muito emocionado, meu pai anunciou que também estava com câncer – leucemia mieloide aguda. Doze dias de diferença entre os diagnósticos dos meu pais. Os pensamentos sobre vida autêntica e filhos foram colocados de lado por algumas semanas, mas voltavam à tona em vários momentos em que eu acompanhava o tratamento de ambos. A vida não para porque alguém que amamos está doente.

Ao contrário, há ainda mais vida quando nosso senso de urgência é acionado por uma doença ou situação de crise. Fui repentinamente tomada por uma obstinação em resolver quaisquer pendências emocionais com meus pais, em retribuir com aquilo que estivesse ao meu alcance e, curiosamente, em me decidir sobre os netos que eles poderiam ou não ter.

Este livro é um pouco de mim da pele para dentro. São fragmentos adaptados do meu diário pessoal que eu achei por bem compartilhar com o mundo. Sobretudo é também uma tentativa de contribuição para outras mulheres enquanto navegamos pelo processo de autodescoberta sobre a maternidade/não maternidade e seus impactos na vida intencional que almejamos ter.

Se, assim como eu, seu maior medo é a esterilidade de autenticidade: olhar no espelho e não se reconhecer como dona das suas escolhas e, consequentemente, tornar-se uma pessoa amarga e ressentida, este livro é para você!

Nos primeiros oito capítulos –parte chamada Passado –compartilho um pouco da minha história de vida da infância até o casamento com meu primeiro e único namorado. Os fatos resgatados do meu diário são intercalados com análises e com reflexões ainda abertas sobre as influências daqueles acontecimentos na minha vida adulta, bem como na visão de mundo que construí sobre família e legado.

Em seguida –na parte chamada Presente –faço um salto até janeiro de 2023 quando, dentro de um carro a caminho de Juquehy-SP, tracei com Gustavo, meu esposo, um plano anual revolucionário para nós dois. Mencionarei os três pilares do nosso ano –Saúde, Trabalho e Família –mas aprofundarei detalhadamente no último, afinal, ele acabou por tornar-se uma jornada de dez passos para decidirmos juntos sobre ter ou não filhos.

Na última parte –chamada Futuro –apresento o resultado dessa jornada e faço ponderações sobre os anos por vir. Encerro com um convite para mulheres corajosas, como você! Busquei a decisão que me trouxe maior leveza ao coração e espero inspirá-la a fazer o mesmo.

Vale lembrar o famoso ditado popular: cada escolha, uma renúncia. Assim, esteja certa de que não haverá decisão perfeita, mas haverá serenidade ao tomar uma decisão por si. Uma decisão ponderada, autêntica, alinhada com os seus valores pessoais e com a sua realidade, ou universo particular –em analogia ao Infinito Particular da diva Marisa Monte.

Acredito que a escolha pela maternidade/não maternidade tenha forte relação com nosso passado, ou seja, nossa trajetória como filhas e irmãs, por isso acho tão relevante que você conheça um pouco mais de mim. Entretanto há, aos meus olhos, ainda mais forte relação com nosso futuro, com aquilo que sonhamos vivenciar e deixar para as próximas gerações, lembrando que, ainda que escolhamos não ter filhos, sempre haverá quem escolha tê-los, logo, sempre haverá próximas gerações.

Nosso legado nos ultrapassa. Ultrapassa qualquer linhagem sanguínea. Haja vista o legado de Sir Isaac Newton, Madre Tereza de Calcutá, Leonardo da Vinci, Jesus Cristo, Nikola Tesla, Jane Austen e tantos outros indivíduos que fizeram contribuições altamente significativas em seus respectivos campos e deixaram um impacto duradouro na História, apesar de não terem tido filhos.

Se você procura uma leitura emocionante, acolhedora, provocativa, didática e bastante reflexiva, convido-a a me fazer companhia até a última página. Te espero lá!

Acesse @larissa.cruvinel no Instagram para tornar sua experiência de leitura ainda mais interessante e interativa! Lá você encontra materiais complementares para *download*, enquetes e *playlists* musicais para acompanhar sua leitura e muito mais.

PERGUNTAS FREQUENTES

Este livro é apenas para mulheres?

Não, mas por ser uma autora mulher e falar sobre a minha trajetória pessoal de decisão por ter ou não filhos, acredito que haverá maior identificação com o público feminino. Aproveito, inclusive, para justificar o motivo pelo qual utilizo conjugações femininas e esclarecer que, quando travar alguns diálogos com você irei chamá-la de "querida leitora", combinado?

Não estou forçando intimidade ao chamá-la de "querida" sem nos conhecermos – entenda este adjetivo como um ato de carinho – nem excluindo leitores homens –entendam que as mulheres já estão superacostumadas a se sentirem incluídas no "Bom dia a todos" "Sejam todos bem vindos" e assim sucessivamente. Então, sem mimimi!

Agora que já que estamos na mesma página, ressalto outros públicos beneficiários desta leitura:

- Homens que se relacionam com mulheres que ainda não sabem se querem ser mães podem usufruir desta leitura para uma compreensão mais empática.
- Pais e mães que cobram de suas filhas "um netinho" podem acalmar seus corações e encontrarem outras formas de se conectarem com o propósito da sua longevidade.

- Mulheres que não são mães por circunstância, e não por escolha, podem abrir mão da culpa e do julgamento contra mulheres não estéreis que optam pela não maternidade.
- Mulheres bem resolvidas ou em processo de amadurecimento emocional podem sentir-se livres para escolher terem ou não filhos, mas não condicionarem sua autorrealização à esta condição. Para o bem delas, do bebê e da humanidade.

Como sei se sou uma pessoa corajosa?

Coragem não está em atos grandiosos nem na ausência de medo. Você não precisa ter saltado de paraquedas, resgatado uma pessoa de um prédio em chamas, feito uma viagem sozinha para a Tailândia ou aberto um negócio próprio. Você não precisa nem ser uma matadora de baratas!

O que você precisa para ser uma pessoa corajosa é um cérebro pensante e um coração inquieto. De nós, mulheres, ainda são esperados o conformismo e o silêncio. Acreditar, aceitar, reproduzir tradições familiares e sociais sem questionar. Não acredito que mulheres corajosas sejam a representação daquele arquétipo de guerreira ou de lutadora. Acho, inclusive, que o silêncio e a ação firme sem alarde podem ser até mais corajosos do que os berros e as brigas.

Portanto, respondo à pergunta acima da seguinte forma: se você não tem preguiça de observar, de questionar, se conhecer, acolher sem julgar, aprender com humildade e escolher seus próprios caminhos você é, sim, uma pessoa corajosa diante de uma sociedade com fortes traços de hipocrisia e este livro foi escrito pensando não só em mim, mas em você.

Por que este livro é uma bússola para mulheres corajosas decidirem autenticamente por serem (ou não) mães?

Respondo com uma definição para explicar a analogia. Uma bússola é um instrumento de navegação e de orientação. É, geralmente, composta por uma agulha magnetizada que gira livremente a partir do centro de gravidade e sinaliza a direção próxima ao norte-sul geográfico. O navegador é quem decide para onde quer ir –norte, sul, leste ou oeste –em que ritmo e, inclusive, se muda de rota no meio do caminho ou se mantém-se fiel ao destino originalmente pensado.

Tudo isto para dizer que este livro não tem pretensão alguma de ser um mapa ou um guia. Na minha busca por decidir se queria ou não ter filhos criei, meus próprios caminhos. Fiz perguntas a mim mesma, a pessoas da minha confiança, colhi informações em fontes confiáveis e transcrevi essa jornada do meu diário pessoal para as páginas a seguir. Portanto, minha experiência será compartilhada como um possível instrumento de orientação para que você se decida autenticamente.

Qual a importância de discutir a parentalidade opcional – mulheres que não desejam ser mães e homens que não desejam ser pais?

Ao redor do mundo, é comum presumir que todas as pessoas desejam ter filhos e que esse seja o principal legado que um ser humano deixa para a posteridade: seus genes. No entanto, com o advento dos métodos contraceptivos e com a crescente complexidade da vida moderna para conciliar tantos "pratinhos" – trabalho, saúde, beleza, vida pessoal, família, propósito entre outros – algumas pessoas têm questionado se essa escolha faz sentido para suas vidas.

A importância desta discussão reside no simples fato de que outras pessoas –principalmente pais, sogros, tios etc. –parecem não respeitar que sequer haja uma escolha. Interpretam que "fugir à norma" seja um ato de egoísmo ou de rebeldia das gerações mais novas. E essa divergência de entendimento sobre o que é legado, autorrealização e projeto de vida pode causar graves impactos de relacionamento e minar a nossa paz.

Este livro irá acolher quem se sente solitária nesse processo de decisão e incitará inúmeras reflexões sobre valores pessoais, laços afetivos, relógio biológico, parto e puerpério, educação, rede de apoio, maternidade atípica, maternidade solo, maternidade marginal, diferenças culturais, adoção, realização pessoal e muito mais.

Vamos aventurar-nos um pouquinho também sobre temas sensíveis como sexualidade, aborto, religiosidade, depressão, envelhecimento, abandono, luto, renúncias, estigmas e arrependimentos.

Pessoas que têm certeza absoluta de que querem ter filhos podem ler este livro?

Sim, mas considerando que sou uma mulher que questiona o próprio desejo de ser mãe, acredito que mulheres convictas dessa decisão terão menos identificação com o livro do que aquelas que consideram a maternidade como uma escolha individual e digna de muita reflexão.

Acho que mulheres inférteis, tentantes, grávidas, mães e avós podem tirar bom proveito desta leitura nos trechos em que reflito sobre autorrealização, finanças, imprevistos, adoção e futuro. Aqui também haverá espaço de acolhimento para quem não sonha com a maternidade e para quem se arrepende e sente-se culpada por não sentir o "maior amor do mundo".

Quero enaltecer a individualidade antes da pluralidade. A importância e a responsabilidade da escolha de ser quem se é e não de gerar para ser alguém aos olhos da sociedade ou da família. Ser mãe é uma escolha que compete somente à mulher. Ser mãe é bastante diferente de ser pai.

Partirei dos seguintes pressupostos:

- Ser mãe não nos torna uma pessoa melhor se não estivermos comprometidas com a nossa evolução.
- Ser "mãe arrependida" não nos torna uma pessoa ruim.
- Ser mãe não biológica não nos torna menos legítima.
- Ser "não mãe", por escolha ou circunstância, não nos faz menos mulher.

Ao terminar a leitura deste livro saberei se quero ou não ter um bebê e/ou adotar uma criança?

É provável que sim, mas não posso garantir. Este livro é uma jornada entre meu passado, meu presente e o futuro que sonho para mim. Haverá trechos em que você vai sentir-se representada. Que vai ler aquilo que você está sentindo e não estava conseguindo colocar em palavras. E haverá trechos que não farão sentido para você.

O que te garanto é uma leitura sincera, visceral, íntima. Pincei trechos dos meus diários pessoais para compartilhar com pessoas queridas e também com desconhecidas. Trechos das minhas sessões de terapia. Trechos dos livros que escolhi para me ajudarem na minha decisão de ser ou não mãe. Trechos dos acontecimentos, encontros e diálogos valiosos que surgiram ao longo do processo de escrita. O que te asseguro é que este livro é para pessoas corajosas –volte à pergunta 2 e certifique-se de que você tem cérebro e coração para seguir nesta leitura.

Ao final, talvez você escolha não gerar, mas adotar ou simplesmente escolha nunca ser mãe. Talvez seu cônjuge não fique satisfeito com sua escolha e a pressionará ou escolherá encontrar outra parceira.

Você banca ser quem você quer ser ou prefere a "facilidade" de ser como esperam que você seja? Prefere moldar-se para obter aprovação? Cuidado, querida leitora, aprendi com Carol Rache – e eu concordo em gênero, número e grau – que pessoas inseguras são extremamente perigosas. Oscilam entre a bajulação e a raiva. Perdem-se de si e contaminam os ambientes em que circulam com conflitos, bagunça e discórdia.

Portanto, ainda que você termine esta leitura sem uma decisão final sobre ter um bebê, adotar ou não ter filhos, pelo menos te garanto: você será abastecida de muitos convites para uma vida autêntica e intencional.

Se os aceitar, suas máscaras irão cair assim como aconteceu com as minhas, e você experimentará a verdadeira serenidade de ser quem se é. Se não, você será um perigo ambulante e, nesse caso, espero que nossos caminhos nunca se cruzem. Boa leitura ou até nunca!

PARTE I
PASSADO

CAPÍTULO 1
RECONHECENDO A SI PRÓPRIA

Nem toda gravidez não planejada é triste, mas certamente gera dias difíceis. Minha mãe descobriu que estava grávida de mim durante o noivado com meu pai. Ela conta que se olhou no espelho e prometeu para si própria que enfrentaria o que fosse, mas que teria aquele bebê.

Era década de 1980 e ela cresceu em um lar bastante tradicional do interior de Minas Gerais. Já previa um certo desamparo, reprovações familiares e sociais. Ela não me desejou, mas me escolheu. Fui adotada em seu coração, assim como ocorre com muitas crianças que não carregam o mesmo sangue dos pais. Meu pai, sem falso pudor, preferia que a gravidez tivesse sido interrompida. Não me desejou, mas, enfim, respeitou a decisão da minha mãe.

Tristeza nem sempre é acompanhada de arrependimento. Na época, ambos souberam superar esta dificuldade juntos. Longe de mim ser uma filha perfeita, mas acredito que eles não se arrependeram dessa difícil decisão.

Brinco que meu "forninho" foi uma casa agitada que já me preparava para o que eu enfrentaria no mundo lá fora. Minha mãe teve uma gravidez atribulada por repouso forçado e injeções – pois tinha vários sangramentos –conversas depreciativas por parte dos pais e pessoas conservadoras que a julgavam mal, preparativos do casamento apressado e uma lua de mel em Fortaleza com naufrágio de um catamarã que quase resultou em tragédia para o barqueiro, para ela, meu pai e para mim.

Nunca gostei de ouvir essas histórias de quase-aborto, rejeições e quase-morte que aconteceram enquanto eu ainda estava no útero da minha mãe. Mas, hoje, reconheço que sabê-las me ajuda a conhecer mais sobre o contexto em que fui gerada. Quando criança, lembro que ouvi-las aflorava uma certa culpa em mim. Já ouvi dizer que a culpa nasce junto com os pais, mas dependendo dos casos, nasce com os filhos também.

Acredito que assim como alguns pais culpados pelo excesso de trabalho compensam os filhos com bens materiais ou falta de limites, filhos culpados pelos danos emocionais da gravidez indesejada compensam os pais de alguma forma. No meu caso, minhas moedas de compensação eram maturidade precoce e uma busca por perfeccionismo constante. Queria que meus pais tivessem orgulho de mim e pensassem "que bom que escolhemos ter esta menina"!

Fui a primeira neta de ambos os lados da família e, claro, era (e sou) muito paparicada. Minha madrinha, até hoje, me chama de princesa. Tenho poucas lembranças de antes dos meus oito anos, mas as fotos e histórias contadas retratam o quanto cresci rodeada de muitos brinquedos, roupas bonitas, acesso a boas escolas, viagens, contato com muitos primos e amiguinhos.

Na casa da minha avó materna há um quadro de óleo sobre tela de 1991, quando eu tinha quatro anos. Minha mãe enviou uma foto minha sorridente para Diná Lipoli Haddad –uma artista plástica de São Joaquim da Barra próximo à Franca-SP onde morávamos na época. Meu pai conta que, o dia da entrega transcorreu mais ou menos assim:

"— Olha que lindo esse quadro, minha filha, é você!"

"—Não sou eu não! Não sou eu!"

Diná, meio sem graça, pegou a foto para conferir. Era idêntica à pintura. Não entendia a reação daquela criança rabugenta.

"*— É você sim! Não gostou?*"

"*— Tá faltando a minha pintinha, não sou eu não*"

Todos riram, exceto a criança que estava falando sério. Não se reconhecia. Só enxergava o que faltava.

A artista buscou o pincel, a tinta preta e fez a "correção". Explicou que preferiu não colocar a pinta porque não sabia se talvez fosse apenas uma sujeirinha da foto enviada pelos correios, mas que era fácil de resolver.

Brotou naquela menininha um sorriso maroto de quem conseguiu o que pediu. Brotou em mim um senso de conquista, de reconhecimento e de orgulho por observar, por refletir e por reivindicar.

Todos seguiram satisfeitos.

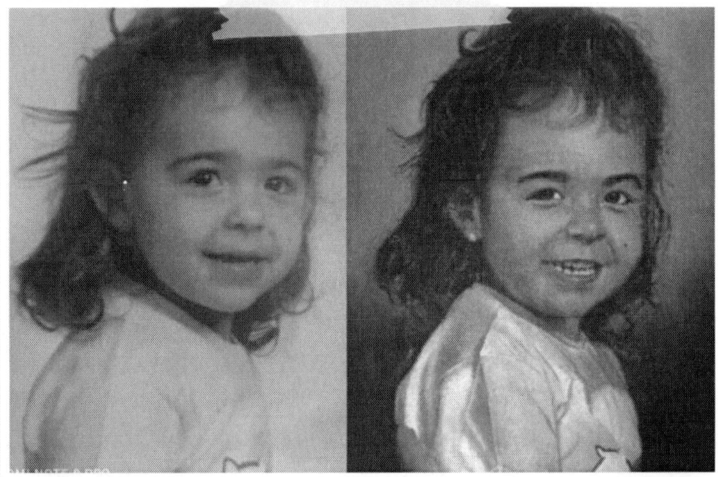

O quadro e a pinta estão intactos até hoje. O olhar direcionado para o que falta, infelizmente, também resistiu ao tempo, mas tem sido transformado gradativamente e, hoje, está mais voltado para a gratidão do que para a escassez.

O sorriso é frequente, seja como fruto da espontaneidade seja, por vezes, como ferramenta útil para disfarçar constrangimentos com elegância ou diplomacia.

Tendo a crer que o tempo raramente muda as coisas de forma radical. A menina observadora, crítica e orgulhosa das suas "peculiaridades" segue viva em mim.

Melhor do que ser é reconhecer-se!

Antes de seguir contanto minha história volto ao presente para refletir sobre como já me reconheci mãe em muitos momentos da minha vida, ainda que não tenha engravidado. Mãe do meu irmão caçula, da minha mãe, de algumas amigas, do Gustavo, de alunos –quando fui professora no Instituto Federal do Triângulo Mineiro (IFTM) –e de colegas de trabalho.

Não me orgulho disso. Foram meras distorções de minhas capacidades e das necessidades dessas pessoas. Faltaram-me recursos para estabelecer e respeitar limites de cada papel e, ainda hoje, policio-me para não me equivocar sobre o que é saudável em cada tipo de relação.

Entendo ser saudável toda relação adulta em que há equilíbrio entre o dar e receber, confiança mútua, respeito pelas diferenças e, sobretudo, pelas escolhas individuais. Quando há hierarquia entre os envolvidos, essa definição não se aplica, ou seja, é esperado que haja imposições e cobranças entre pais e filhos ou entre líderes e funcionários.

Não vou entrar no mérito de discutir estruturas de poder baseadas em gênero, na cor de pele, em status ou em dinheiro, pois o que estou buscando explicitar –ainda que sucinta e superficialmente –é que reconheço ser legítima a postura hierárquica entre mães/pais e filhos.

No meu entendimento, não cabe aos pais serem amigos, pois o escopo de seus papéis é mais complexo e abrangente. Não cabe aos filhos serem confidentes dos pais, principalmente em questões que envolvem o casal.

E foi nessa confusão de papéis que forjei alguns entendimentos sobre o tipo de maternidade que eu gostaria/não gostaria de exercer se/quando, de fato, viesse a ter filhos. De forma bem resumida: gostaria de ser uma mãe estável. Adjetivo que eu jamais usaria para definir minha própria mãe.

Nunca esperei dela perfeição, respostas prontas, força inabalável ou algo do gênero "supermulher". Mas sua instabilidade emocional me afetou e afeta no melhor –maturidade e resiliência – e pior – insegurança e afastamento/desapego afetivo – sentidos até hoje.

Não acredito em amor incondicional, à medida que, se não há reciprocidade, não há amor e, sim, idealização ou algo do gênero. Acredito que minha mãe sempre me amou e amará, mas também idealiza a relação mãe-filha que "deveríamos" ter. Quando não correspondo às suas expectativas, posso esperar insultos, desprezo, manipulação, comparações, insinuações, ameaças, punições, ou seja, muita instabilidade. Quando eu era pequena brigávamos muito e, agora, quando adulta, eu me policio, mas geralmente há uma constante sensação de pisar em ovos ou lista de "assuntos proibidos".

Talvez, por isso, desenvolvi um distanciamento saudável para mim e doloroso para ela. Ainda que eu me tenha tornado uma pessoa mais atenta à importância da escuta empática e da não idealização dos papéis sociais, odiaria fazer um(a) filho(a) ter que passar por isso.

Reconheço-me como uma mulher indecisa sobre a própria capacidade de ser uma mãe melhor do que a que eu tive. Ela é uma mãe melhor do que a que tem? Minha avó é uma mãe melhor do que a minha bisavó foi? A "evolução maternal" é uma ilusão. Cada uma foi a sua melhor versão de mãe possível!

Em todo caso, aproveito para compartilhar algumas perguntas úteis para reflexão.

- ✓ Quanto da minha mãe eu desejaria ser para meu(s) filho(a)(s) caso o(s) tivesse?
- ✓ Quanto de mim, como filha, seria desejável que meu(s) filho(a)(s) fossem em relação a mim, como mãe?
- ✓ O que eu jamais gostaria que meu(s) filho(a)(s) sentisse(m) a meu respeito? De que me vale sentir isso em relação aos meus pais?
- ✓ Afinal, como eu posso ser uma filha melhor do que meus pais foram/são para seus pais. Haveria “evolução filial” ou também estou fazendo/vou fazer o meu melhor possível?

CAPÍTULO 2
CAOS EMOCIONAL

MEUS PAIS SE SEPARARAM QUANDO EU TINHA OITO ANOS E MEU irmão caçula, três. Ambos possuem versões distintas sobre este momento, mas eis do que eu me lembro: meu pai não aparecia em casa havia alguns dias. Questionava minha mãe sobre a ausência dele e sempre recebia a resposta de que ele estava de plantão. Um dia, minha madrinha me sentou numa poltrona chique da sala de visitas e me contou que meus pais tinham se separado.

Ambos foram incapazes de me dizer a verdade. Já os julguei covardes, mas, com o tempo, eu soube entender que eram imaturos, estavam feridos e receosos pelo novo status social: o divórcio ainda era tabu. Havia sido instituído no Brasil havia pouco mais de uma década.

Depois desta revelação virei uma "miniadultinha". Queria ser forte e não me deixar abalar. Minha dedicação excessiva arrancava elogios de professores e de familiares. Todos, inclusive eu, estávamos certos de que o momento difícil estava rapidamente superado: Larissa tinha se transformado em uma criança exemplar.

Meu irmão, por outro lado, chorava muito, recusava alimentos, jogava objetos pelas janelas do apartamento, não desgrudava das pernas da minha mãe. Passei a dar broncas nele, colocá-lo de castigo e, às vezes, para assustá-lo, fingia que tinha morrido até ele chorar e implorar para que eu vivesse de novo. Exemplar uma ova, eu estava vivendo um caos emocional e aprendendo a construir disfarces bem aceitos!

Não acredito que divórcios sejam responsáveis por "arruinar" a vida dos filhos. Talvez até haja dano maior quando se vive a dois de forma infeliz e desrespeitosa: ensina-se a mediocridade. Crianças crescem, fazem amizades, constroem relacionamentos, fazem terapia e, eventualmente, superam e aprendem que vida adulta não é um conto de fadas. Como diz João Guimarães Rosa:

> *"O correr da vida embrulha tudo,*
> *a vida é assim: esquenta e esfria,*
> *aperta e daí afrouxa, sossega e depois desinquieta.*
> *O que ela quer da gente é coragem."*
> *Grande Sertão Veredas.*

Meus pais foram corajosos quando decidiram se separar e eu me orgulho deles por isso, por serem adultos que aceitaram suas incompatibilidades de valores e optaram por seguir caminhos separados apesar de toda a carga emocional que viria com essa decisão.

O que faltou a eles no processo pós-divórcio foi respeito mútuo e responsabilidade afetiva por mim e por meu irmão. Viramos joguetes para causar ciúmes, "meninos de recado", testemunhas de brigas competitivas sobre quem era "o pior vilão".

Se meu pai se atrasava para nos buscar na escola (o que era muito comum), ouvíamos o quanto ele era irresponsável. Se minha mãe se exaltava (o que também era muito comum), ouvíamos o quanto ela era descontrolada. Atacavam-se mutuamente e queriam que escolhêssemos lados. Era brutal.

Nunca entendi casais que resolvem ter filhos para "salvar o casamento" ou que não se separam para "poupar os filhos do sofrimento". A dinâmica de descompasso conjugal só se intensifica com a chegada dos filhos e a dor que antes era compartilhada pelos dois passa a respingar na prole. Casais que não estão mais caminhando bem juntos devem ter a decência de romperem a relação antes que o desrespeito e o ressentimento dominem e apaguem as boas lembranças.

Vivíamos de sacola pronta para os finais de semana com meu pai. O hotel JVA foi sua nova morada provisória até que ele arrumou um pequeno apartamento em um bairro mais popular do que aqueles com os quais estávamos até então acostumados. Algumas visitas eram divertidas com direito a competição nos elevadores, fartos cafés da manhã, jogos de futebol no quarto, caça fantasmas com lençol sobre a cabeça.

Outras visitas aconteciam no apartamento de luxo onde morava com meu irmão e minha mãe. Estas eram um misto de discussões fervorosas e carinhos semiescondidos. Uma vez, na mesa da cozinha – não me lembro qual refeição fazíamos todos juntos – questionei por que eles acariciavam os pés em baixo da mesa, se estavam separados. Tudo era confuso para todos, mas acho que, para eles, ainda mais.

E no meio daquela confusão emocional, fui deixando de ser tratada como criança. A convivência dos dois era muito turbulenta. Extremos opostos e, a meu ver, apenas na Física isto gera atração.

Passei a mediar, a ouvir desabafos, a dar conselhos, a ajudar no cuidado do meu irmão, a dizer para ele o que a gente contava e não contava para o pai e para a mãe. Se surgia uma namorada nova, não contávamos para a mãe. Se éramos obrigados a ouvir gravações de brigas na secretária eletrônica, não contávamos para o pai.

Alguns meses se passaram. Minha mãe se envolveu muito com a igreja evangélica e, segundo ela, por um chamado divino, resolveu migrar para Atlanta, nos Estados Unidos. Passamos a morar com meu pai e receber visitas esporádicas da minha mãe.

Ela conta que gastava fortunas com ligações internacionais, passagens aéreas para nos ver com frequência e trazer presentes incríveis. Eu só me lembro da saudade que eu sentia e da ansiedade de esperá-la no aeroporto.

Quando lançou o filme Titanic –ao qual assisti dez vezes porque me apaixonei pelo Leonardo DiCaprio –ficava no quarto dançando a dramática trilha sonora enquanto chorava. Foi um período difícil em termos de inconstância/instabilidade, mas me lembro também de achar super *cool* ter uma mãe morando nos *States* e, em alguns meses, um padrasto norte americano.

Em dezembro de 1998, passamos novamente a morar com minha mãe e, desta vez, com o Lonny também. Como não podia deixar de ser, brigas homéricas entre meus pais aconteceram no meio do caminho e seguiram acontecendo de forma intercontinental. Lonny não se envolvia em mediações.

Era um homem reservado, pacato, amigo e nos acolheu como sua família por cerca de três anos. Semestralmente, íamos para o Brasil visitar familiares e ele, às vezes, nos acompanhava, mas nunca fez esforços para aprender sequer uma palavra em português. Quando as divergências culturais entre ele e minha mãe começaram a se intensificar, optaram pela separação. Dessa vez, mais amigável, mas ainda deixou cicatrizes.

Minha mãe, eu e meu irmão nos mudamos para um apartamento e depois para uma casa em outro bairro. As desavenças foram superadas e eles voltaram a namorar. Aparentemente, a distância lhes fazia bem e a solitude era insuportável para ambos.

Em uma das visitas ao Brasil, meu pai me contou que eu tinha uma irmã mais velha e que ela estava querendo conhecer-me. Minha mãe ficou furiosa com a notícia. Dizia que Marília era fruto de uma das traições do meu pai e que eu não tinha que me relacionar com ela. Já meu pai jurava que o ocorrido fora anterior ao envolvimento com minha mãe.

Sentia curiosidade e apreensão, tudo era muito confuso. Optei por conhecê-la e tentar estabelecer uma boa relação de amizade. Marília se revelou ser uma menina doce, porém muito carente e insegura.

Aproximamo-nos, afastamo-nos e depois nos reaproximamos. Nossa relação precisou de tempo para amadurecer. Na verdade, precisamos mudar muito individualmente, até que fosse realmente confortável nossa convivência, sem culpas nem comparações. Hoje, a afinidade e carinho são recíprocos e Marília muito me ensina sobre maternidade, pela maneira como educa meus dois sobrinhos, Eduardo e Guilherme.

Bem, voltando ao passado, em junho de 2001, minha avó materna adoeceu. Uma espécie de meningite a paralisou provisoriamente da cintura para baixo. Poucos meses depois, em setembro, aconteceram os atentados terroristas e queda das torres gêmeas.

Estava na oitava série (nono ano) e assisti a tudo da televisão da escola em Lawrenceville. As tratativas com imigrantes ficaram mais rígidas e nosso *Greencard* foi recusado. Em 18 de dezembro, embarcávamos de forma definitiva para Uberlândia-MG, Brasil. Lonny não nos acompanhou.

Meu pai nunca foi nos visitar. Teria gostado de ter-lhe mostrado minhas escolas, amigas, restaurantes favoritos e o parque de montanhas russas que eu adorava, *Six Flags*. Ele mandava gibis da Turma da Mônica, ligava, fazia programações para quando íamos de férias para o Brasil, mas se tornou uma figura distante no meu imaginário da época.

Tenho vergonha de algumas cartas enviadas que reli depois de adulta. Eu pedia muita coisa material e demonstrava pouco afeto. Escolhi ficar do lado da minha mãe, ou seja, afastei-me do meu pai.

Hégena era sua nova companheira. Como finalmente tinha voltado ao Brasil queria meu pai mais presente em minha vida, mas eles logo programaram um jantar de casamento simbólico – pois iriam morar juntos – e eu sequer recebi o convite.

Tive muito ciúmes e retaliei com competição, desdém, indiretas recheadas de "lições de moral". Lembro de dizer à Hégena algo do gênero: "*Eu cheguei antes de você e ficarei com meu pai até o final da vida dele, mas você pode ser substituída assim como minha mãe foi*"! Fiquei intragável, mas no fundo, era carência e desejo de me sentir próxima do meu pai.

Voltei a estudar no mesmo colégio de antes de ir para os EUA. Foi muito bom ter algo de familiar. Pouco havia mudado na escola, no quadro de professores e no meu grupo de colegas. Eu, por outro lado, havia mudado bastante e passava a me interessar por rapazes mais velhos, muito mais velhos.

Com quatorze anos, cheguei a me envolver com rapazes de 30. Minhas amigas mais próximas passaram a ser aquelas que estavam na faculdade enquanto eu nem havia entrado no Ensino Médio. Eu me mesclava bem. Tinha postura e fala maduras, aparentava ser maior de idade.

O curioso é que, naquela época, eu também era muito fervorosa na igreja evangélica por influência da minha mãe. Então, ao mesmo tempo em que frequentava ambientes de festas universitárias, não bebia álcool e não tinha muita intimidade com meus "ficantes". Não era hipócrita, mas me tornei uma pessoa ambivalente. Era comum experimentar hesitação, insegurança sobre o que, para mim, seria certo e errado.

Não me recordo dos meus pais censurarem minhas atitudes, porque confiavam muito em mim. Davam pouquíssimas ou quase nenhuma instrução. Confiavam no meu julgamento, porque, de dia testemunhavam muita dedicação na escola, à noite quando saía não chegava alcoolizada, nos finais de semana convidava minhas amigas maduras para verem filme ou passarem tempo comigo em casa, deixava que os rapazes mais velhos viessem buscar-me de carro na porta. Aparentemente tudo sob controle.

No entanto, olhando em retrospecto, lamento que tenha sido assim. Pulei etapas. Expus-me a riscos desnecessários para aquela idade. Hoje, entendo que o excesso de confiança entre pais e filhos pode ser negligência.

Vejo a maternidade/paternidade responsável como uma incansável jornada de vigilância, de orientação e, por vezes, de imposição de limites inegociáveis até que o(a) filho(a) tenha maturidade para arcar com as consequências das próprias ações.

Para minha "sorte", a única consequência dessa vida precoce foi que antecipei o desinteresse pelas noitadas. Indo a boates desde os doze anos –sim, fui ao London Pub com meus primos falsificando minha identidade em uma das férias ao Brasil enquanto ainda morava nos EUA –aos dezessete, só pensava em encontrar uma profissão e seguir com a minha vida.

O ano era 2005. Gustavo tinha 19 e havia acabado de passar na faculdade de Engenharia Civil na Universidade Federal de Uberlândia. Ainda de cabeça raspada, cara de menino, puxou conversa comigo em um show de banda sertaneja. Eu já estava com vontade de ir embora havia bastante tempo, por isso não prolonguei muito a interação. Ele era engraçado, sorriso fácil, simpático. Trocamos telefones. Um mês depois estávamos namorando.

Gradativamente nos tornamos um para o outro a estabilidade de que ambos precisávamos. Quando eu e minha família discutíamos, ele me buscava em casa, levava-me para distrair, dava-me conselhos e tornava tudo mais leve. Quando sua família o sufocava, eu lhe mostrava a importância da individualidade e de trilhar os próprios caminhos sem culpa. Crescíamos juntos e íamos nos moldando a cada fase nova da vida compartilhada.

Quanto tínhamos cerca de quatro anos de namoro, resolvi fazer um intercâmbio de estudo para a França. Ainda que um pouco inseguro sobre minha decisão, Gustavo me apoiou e nunca me pediu para deixar de ir ou de fazer algo.

Ele sabia que, desde nova, eu aprendera a tomar minhas próprias decisões e passou a me admirar e a me respeitar dessa maneira.

Minha mãe não estava contente com minha escolha porque eu simplesmente comuniquei a ela minha decisão. Não pedi permissão nem conselho. Corri atrás da papelada, passei nas provas e comuniquei quando fui aprovada.

Lembro-me de estar arrumando as malas e ela me ajudando muito contrariada. Dobrava as roupas de cama e banho novas que ela me havia dado. De repente, uma discussão acalorada se formou e ouvi aos berros:

"— *Você vai se foder minha filha! Tá achando que dá conta de tudo e não precisa de mim, mas vai se foder! E quando precisar voltar eu vou estar aqui como sempre estive!*"

Saiu bufando do quarto e eu não me lembro se chorei ou fiquei inerte – costumo ter essas duas reações diante do susto. Lembro-me de pensar que daria conta, sim, mas doeu profundamente. Nasceu o medo da profecia se concretizar.

Sei que, assim como ofendi a Hégena no passado, partindo da minha dor, minha mãe fazia o mesmo. Ela não queria o meu mal, apenas doía nela a crescente constatação de não ser mais necessária para minhas tomadas de decisões. Não sabia como expressar tristeza sem agressividade.

Situações muito inusitadas aconteceram no meu trajeto de ida e ao longo dos dez meses em que morei em Chambéry. Sentei ao lado de uma senhora no voo de Guarulhos a Paris que desembarcou comigo, pegou minhas malas, me ajudou a comprar o bilhete de trem para Lyon e me colocou na porta da plataforma onde o ele chegaria. Me desejou boa sorte e seguiu seu caminho.

De repente, uma sirene, um anúncio de evacuação para investigação de bomba e pessoas andando no sentido contrário. Não sabia o que fazer. Um outro anjo parou ao meu lado, conversou comigo, mas eu não entendi nada. Ele pegou uma das minhas malas e fez sinal para que eu o seguisse. Mudamos de plataforma. Ele apontou o novo trem que eu deveria pegar, subiu minhas malas e eu confiei nele. Adormecei no trem. Ele ao meu lado.

Fui acordada com as malas já fora do vagão e aquele homem me avisou que eu deveria descer e procurar por Chambéry no painel para pegar o último trem. Dessa vez entendi. Uma moça puxou assunto comigo. Também me ajudou. Minha língua destravou. Finalmente cheguei à minha nova cidade.

Peguei um táxi, fui até o complexo de moradias estudantis onde tinha feito minha reserva, University, e só depois que o táxi partiu me dei conta de que a portaria estava trancada e eu não tinha a chave. Teria que achar um novo local para passar a primeira noite.

Do outro lado da rua, um hotel. Paguei EU$ 32 por um quarto simples. Malas e mochila no chão. Olhei pela janela, avistei uma paisagem linda e totalmente diferente do que já tinha visto.

Chambéry é uma cidade montanhosa e, no topo de uma das elevações, havia *La Croix du Nivolet*. Fechei os olhos, chorei e agradeci. Todo o meu corpo doía. Até meu couro cabeludo latejava quando desfiz o rabo de cavalo que usei durante a viagem.

Crescer dói, mas eu prefiro ser gigante!

Foto: Croix du Nivolet.
Acessada em: https://www.autourdulacdubourget.fr/la-croix-du-nivolet/

CAPÍTULO 3
O MEU *(QUASE)* ABORTO

POR ESTES E POR TANTOS EPISÓDIOS, TORNAVA-ME MENOS RELIGIOSA e cada vez mais conectada com o Divino. Li o livro "A Cabana" de William P. Young que minha amiga Larissa Paes tinha me dado de presente previamente à viagem. Conversava muito com Deus –por causa do livro passei a imaginar uma Deusa também –e fui ajudada por inúmeras pessoas que se permitiram ser usadas por Ele/Ela em meu favor.

Ficava cada vez mais evidente o quanto gerava atritos desvincular-me da crença de que "toda mãe sabe o que é melhor para a vida dos filhos". O contato com franceses e com demais estudantes de toda a Europa que também faziam intercâmbio na *Université de Savoie* me obrigava a enxergar a diferença cultural sobre temas como casamento, família, maternidade e aborto.

Em uma aula sobre cultura francesa voltada para intercambistas, aprendíamos ser comum e consensual que casais casados tivessem amantes em diferentes fases da vida –mais futuramente a personagem Sylvie da famosa série Emilly em Paris me lembrou dessa aula. Aprendíamos que, desde 2001, a interrupção voluntária da gravidez (aborto) era legalizada para mulheres. Aprendíamos sobre liberdade de expressão e eu me chocava especialmente com os alunos chineses pela incapacidade de responder às perguntas de opinião.

Eu tinha vários colegas de vinte e poucos anos que moravam sozinhos ou em repúblicas apesar de serem solteiros e morarem na mesma cidade dos pais. Havia também aqueles que colecionavam um histórico de moradia com namoradas. Nos formulários de cadastro, era comum assinalarem a opção de "concubinato" –um estado civil intermediário entre o "casado" e o "solteiro". Anéis de noivado não eram tão comuns de se ver como no Brasil, o casamento tinha mais fluidez para configurações diferentes e a lealdade dos filhos solteiros pelo lar familiar não era rigidamente exigida.

Minhas concepções tradicionais iam sendo dissolvidas e eu me sentia cada vez mais madura e consciente da multiplicidade de caminhos possíveis para se viver bem consigo independente de padrões socioculturais.

Duvidei, até o último minuto, de que Gustavo fosse me visitar. Nunca tínhamos viajado sozinhos e, até então, ele jamais pisara fora do país. Fui buscá-lo no aeroporto de Lyon, para evitar que ele pegasse sozinho todos aqueles trens até Chambéry. Nenhum sinal dele. O desembarque seguinte foi anunciado eu comecei a pensar que ele tivesse desistido.

Ouvi a voz dele e vi uma porta automática do lado do desembarque abrir e fechar-se. Do outro lado, um guarda falava com ele, então gritei "*Gúúúúú*"! Ele olhou para o meu lado, abriu um sorrisão e eu ignorei as sinalizações de proibido ultrapassar enquanto corria em sua direção. Foi um longo abraço seguido de cheiros, beijos e lágrimas de alegria e alívio. Comecei a pensar que ele seria minha família.

Havia dois meses que ele já tinha retornado ao Brasil e minha menstruação ainda não tinha descido. Eu não sentia absolutamente nada de diferente no meu corpo, mas comecei a pensar que poderia estar grávida. Chorei algumas vezes sozinha no quarto e pedia a Deus para "não me castigar". A ideia de um filho naquele momento da minha vida era terrivelmente assustadora. Escolhi não saber, pois me sentia incapaz de lidar com uma descoberta dessas.

Seguiram-se as aulas, as novas amizades, os passeios, os vinhos, os aprendizados e os meses sem menstruação. Próximo do quinto mês desde a visita do Gustavo eu comecei a considerar investigar minha situação. Recusei vinho em um jantar no estúdio da minha amiga italiana, Alessia Signoriello, e ela me perguntou o motivo.

Com assustadora naturalidade respondi que talvez pudesse estar grávida. Ela me deu uma grande bronca por não ter falado nada antes e me fez prometer que faria um teste no dia seguinte. Pela primeira vez na vida me senti uma grande irresponsável.

Entrei em duas farmácias e saí sem o teste. Na terceira, tomei coragem para comprá-lo e corri para casa. Meu xixi não saía. Fiquei andando pra lá e pra cá, chorando e pedindo muito a Deus para que eu conseguisse fazer o teste e desse negativo. Enfim consegui e senti o alívio por não precisar fazer um aborto –o teste deu negativo para gravidez!

Não me julgue, cara leitora –ou julgue-me, se sua consciência assim exigir –mas ter um bebê naquele momento da minha vida certamente não seria uma opção enquanto morasse em um país onde eu não seria condenada por interromper a gravidez.

Seria difícil passar por aquilo sozinha, mas aprendi a não temer minhas próprias escolhas e com certeza não daria à luz se o resultado tivesse dado positivo. Minha consciência não me condenaria ao inferno ainda que a sua, talvez, sim.

Sabe, com a cabeça que tenho hoje eu jamais censuraria a escolha de uma mulher por não seguir com uma gravidez indesejada. Seja qual for o motivo.

Lamento existirem pessoas que têm a audácia de rebater um posicionamento como o meu com "— você pensa assim para os outros, mas e se sua mãe tivesse te abortado"?

Ora, se ela tivesse me abortado o mundo seguiria sem mim. Seria eu/você assim tão imprescindível ao mundo? Estou certa de que não. Sou grata por ter nascido e enquanto existir, quero ser fator de soma para as pessoas com quem convivo, entretanto, encaro a Vida como soberana a qualquer existência particular. Se eu não existisse, se você não existisse, ainda assim haveria Vida.

Explico melhor: considero pessoas como instrumentos, meios e não fim. Grandes contribuições para a humanidade –filosofias, descobertas científicas etc. –chegarão ao mundo por pessoas vivas que estejam aptas a serem esse "canal". Não acredito que deixariam de acontecer porque determinado "mensageiro predestinado" deixou de nascer. A "mensagem" é mais importante que o "mensageiro". Se Albert Eistein não tivesse nascido, ainda assim haveria Teoria da Relatividade. Outra pessoa teria sido o canal para esta descoberta.

Claro que posso estar equivocada, mas pensar assim me traz humildade e paz de espírito. Sinto que devo honrar a vida recebida e ter muita responsabilidade com qualquer vida que eu venha a gerar, mas não acredito em propósitos únicos e exclusivos a cada indivíduo. Não tenho mais – pois já tive – pretensão de ser tão especial para o universo!

Respeito verdadeiramente quem pense diferente a mim neste quesito e espero que quem discorde não interrompa aqui a leitura deste livro. Compartilhar minha experiência de quase aborto é falar, sem falso pudor, sobre um dilema que só as mulheres entendem, é uma tentativa de acolhimento a quem já pensou ou praticou um aborto, não faço apologia a nada.

Defendo apenas a liberdade sobre o nosso corpo na mesma medida em que existe para os homens. No Brasil, no momento em que escrevo, apenas o aborto masculino não é criminalizado –no meu entendimento, toda criança sem registro de pai (em média 470 por dia[1]) foi sim abortada por ele e estes homens não são condenados. A opção por não desejar um filho não deveria ser legalmente aceita apenas unilateralmente.

1 https://g1.globo.com/pr/parana/noticia/2022/08/14/quase-500-criancas-sao-registradas-por-dia-sem-o-nome-do-pai-no-brasil-e-um-direito-da-crianca-diz-mae-que-conseguiu-na-justica-que-pai-reconhecesse-filha.ghtml

CAPÍTULO 4
A BOA FILHA À CASA *(NÃO)* TORNA

Quando retornei da França encontrei uma mãe profundamente depressiva. Uma série de decepções pelas quais ela passou nos meses anteriores a levaram a um quadro de desamparo, de tristeza e de rancor. Devido à distância física e emocional que se havia firmado entre nós, eu fiquei bastante perdida em como lidar com aquilo tudo, sem adoecer por tabela.

Tentava seguir de maneira independente e confiei na minha madrinha para ser o apoio de que minha mãe precisava para as idas ao psiquiatra. No fundo, sentia um certo desprezo por aquela mulher que, aos meus olhos, tinha tudo, mas insistia em se lamentar e clamar por atenção. Só de fato entendi a sua dor quando, anos depois, passei pelo meu próprio vale.

A depressão é uma doença muito solitária e facilmente estigmatizada por quem não a conhece! Quem a acompanha de fora tem dificuldade de se aproximar e de ajudar porque não há sintomas físicos visíveis e a percepção do sofrimento parece desproporcional. A incompreensão gera distanciamento, o distanciamento gera maior sentimento de solidão e de desamparo. Parece uma espiral sem fim.

Os choros, ameaças e chantagens eram frequentes. Minha mãe se arrastava pela casa apoiando os ombros nas paredes. Devido aos remédios ou à profunda dor que sentia, ela não conseguia ficar em pé. Eu sabia que ela não tiraria a própria vida, pois era muito religiosa, mas cheguei a ouvi-la pedindo para Deus a levar. Era devastador.

Recorri à fuga e às distrações. Arrumei um estágio que demandava bastante do meu tempo e seguia estudando à noite. Nos tempos livres, estudava na biblioteca, fazia aulas de dança, encontrava com o Gustavo e com amigas.

Até que comecei a ter choros repentinos. A tristeza não cabia em mim. Lágrimas e soluços que subiam à superfície sem avisar. Corria para o banheiro ou para algum canto e disfarçava. Resolvi também procurar ajuda.

Comecei a fazer terapia e, depois de aproximadamente um ano, tomei coragem para morar sozinha. Naquela época, a dinâmica de convivência com minha mãe e com meu irmão era muito entremeada por acusações, por culpa e por vitimização.

Com o apoio financeiro do meu pai, pude morar em um apartamento cerca de três quarteirões da casa da minha mãe. Comprei máquina de lavar, fogão, filtro de água, geladeira, seis pratos, três panelas, seis copos e um jogo de talheres. Não tive coragem de compartilhar meus planos com mais ninguém além do Gustavo.

Sentia-me culpada por estar me mudando enquanto minha mãe ainda estava doente. Na véspera disse:

"— *Amanhã eu vou sair da sua casa porque preciso de paz para viver*".

Ela ficou furiosa comigo e com meu pai quando soube que ele me ajudava. Sentiu-se traída. Meu irmão, também surpreso, apenas dizia que ia "sobrar para ele".

Mal consegui dormir. Levantei-me cedo, arrumei malas e caixas e desmontei a cama. Gustavo me ajudou a levar tudo para o apartamento novo no seu carro. Hoje teria feito uma saída diferente, mas não deixaria de ter saído. Para ser sincera, não teria esperado tanto tempo.

Demorei a entender que o "encaixe" é o fator mais importante em qualquer relação saudável e longeva. Mais importante do que a afinidade, o respeito, a admiração e o amor. O "encaixe" vai além do que eu sinto pela pessoa e da reciprocidade (o que ela sente por mim), pois é sobre como a relação me faz sentir sobre mim mesma.

Pessoas maravilhosas individualmente podem ter uma relação incompatível entre si, porque o convívio revela-se pesado, inadequado ou incompleto.

Minha mãe e meu irmão constantemente me faziam sentir culpada pelas minhas escolhas. Todo julgamento mascara uma confissão: tinham uma relação simbiótica entre eles e se incomodavam com minha independência emocional. Entre eles havia encaixe, mas entre nós, não.

Seria isso mesmo ou haveria algo em mim que eu não conseguia reconhecer? Qual o limite entre independência emocional saudável e desprezo? Por que nos tornamos tão incompatíveis na convivência harmoniosa?

Hoje, me peguei pensando se o fato de estar refletindo sobre a escolha de ter filhos pode fazer com que Gustavo se sinta rejeitado. Odiaria fazê-lo sentir assim, mas confesso que receio estarmos nos tornando incompatíveis. Estaríamos perdendo o nosso "encaixe"?

Ainda não sei essas respostas. O que sei é que o "encaixe" é o que traz fluidez para a convivência. A falta dele mina o desejo genuíno de se estar junto.

Sei que, se eu me forçar a ser mãe para manter o meu casamento, corro o risco "transferir essa conta" para a nova pessoa que colocar no mundo. Também sei que, se o Gustavo se forçar a não ser pai para continuar comigo, corre o risco de "transferir essa conta" para a nossa relação.

Omissão causa mais sofrimento do que arrependimento por uma ação mal tomada. Sempre perderemos se não formos honestos conosco mesmos!

Se um dia eu for mãe e me arrepender, tudo bem, desde que tenha sido uma escolha minha viver as dores e as delícias dessa experiência, mas nunca,

jamais, para forçar um encaixe amoroso ou social! Não tenho medo de me arrepender, tenho medo de ser omissa comigo mesma.

CAPÍTULO 5
LAÇOS AFETIVOS

NA ÉPOCA DA MINHA MUDANÇA TRABALHAVA NA ADMINISTRAÇÃO de uma ONG chamada SOS Mulher e Família, que atendia famílias em situação de violência física, psicológica, patrimonial etc. Coordenava uma equipe de psicólogos, assistentes sociais, advogados e policiais militares que prestavam serviços gratuitos de acolhimento, no acompanhamento e no registro de ocorrências criminais.

Durante um ano e meio, tomei conhecimento de estatísticas bastante perturbadoras. Estupro, incesto, pedofilia, violência homofóbica, abandono, prisões, morte. Percebia uma mudança na minha maneira de enfrentar o mundo.

Menos idealização dos laços sanguíneos, mais valorização dos laços afetivos -onde vigoram o amor e o respeito.

Meu trabalho seguinte também me colocou em contato com um público em situação de vulnerabilidade social. Convivi com professores e com alunos de escolas públicas, de instituições profissionalizantes e de organizações sem fins lucrativos com atividades voltadas para jovens.

Linda Mar Peixoto, presidente da empresa onde trabalhei, era também diretora voluntária na AACD – Associação de Assistência à Criança Deficiente, uma organização sem fins lucrativos cujo foco é garantir assistência médico-terapêutica de excelência em Ortopedia e Reabilitação[2].

Em uma visita à AACD para encontrá-la, constatei a exclusividade de acompanhantes mulheres e, ingenuamente, perguntei por que não autorizavam que pais também acompanhassem os filhos em tratamento. Ainda influenciada pelas estatísticas da ONG SOS Mulher, achava que poderia ser uma medida preventiva ao abuso de vulneráveis.

No entanto, vim a descobrir que homens não eram proibidos, apenas não eram comuns naquele local. Fui, então, apresentada a novas estatísticas de abandono. Mulheres com filhos com deficiência –paralisia, Síndrome de Down, autismo – são geralmente abandonadas pelos maridos e passam a assumir o cuidado integral dos filhos.

Vim a constatar isso novamente alguns anos depois, quando trabalhei no IFTM como professora e tive alunos PCDs cujas mães eram as únicas cuidadoras. A mãe de Francisco, inclusive, assistia às minhas aulas para fazer anotações para o filho, pois ele só não era paralisado do pescoço para cima.

A mãe da Lara, aluna com Síndrome de Down, participava do meu fórum on-line no Google ClassRoom para acompanhar de perto as atividades da filha e garantir que ela não atrasasse as entregas. Nunca conheci os pais desses alunos mencionados.

Felizmente, também conheço de perto casos de muito acolhimento. Gabriel, meu primo mais novo, possivelmente tem autismo em um grau leve. O diagnóstico ainda não foi finalizado, mas ele tem recebido do pai, da mãe, dos avós e de toda a família bastante amparo e estímulo. Tenho também uma prima adolescente, Ana Julia, que não nasceu com a hipófise e, apesar dos vários efeitos na saúde, possui familiares que dão todo o suporte necessário. Uma querida amiga, Mariana, atravessou junto do marido uma dura jornada de tratamento de câncer do filho de

2 .https://aacd.org.br/

um ano. Eles são uma família muito unida e esperam pelo irmãozinho do Davi que, não só venceu a leucemia, mas revelou-se um garotinho de carisma espetacular.

Tudo isso para dizer que estou ciente dos inúmeros exemplos negativos e também positivos de laços que podem existir. Famílias podem ser fonte de acolhimento e/ou de abandono. A relação entre pais e filhos não deve ser romantizada nem reduzida ao caos. Cada caso é um caso. Por isso não deve haver idealização nem projeções sobre a escolha alheia no que diz respeito à sua própria família. Cada pessoa sabe o que enfrenta e/ou ainda está disposta a enfrentar em nome da sua família.

Ter contato com estas diferentes vivências me fez ampliar a percepção sobre a "sina" que cada pessoa deve enfrentar. Na observação sensível dessas histórias, a vida parecia estar me ensinando um pensamento alternativo à predestinação, *karma* ou qualquer outra crença religiosa sobre causa e efeito, evolução espiritual, merecimento, bênção ou maldição.

Começava a acreditar na ausência de um destino previamente traçado, aos poucos ia-me libertando da doutrina missionária de predestinação. Começava a flertar com um modo mais leve de viver: aceitar o incontrolável, encarar infortúnios sem justifica-los. Coisas ruins acontecem com todo mundo e isso faz parte da vida.

Enquanto atribuirmos a nós mesmos o papel de controladores do nosso destino e à Deus o papel de juiz entre merecedores e não merecedores continuaremos tendo medos: medo da falha, medo da punição e medo do castigo. Buscar explicações pode causar revolta ou até uma falsa consolação, mas a dura verdade é que...bem, situações árduas e, aparentemente injustas, acontecem com todos nós!

CAPÍTULO 6

VENCENDO O MEDO DE SER "INFELIZ PARA SEMPRE"

O DIA DA MINHA FORMATURA EM ADMINISTRAÇÃO TAMBÉM FOI o dia do meu noivado surpresa. Eu não tinha o menor interesse em fazer o ritual tradicional com colação, missa e baile, portanto, preparei uma recepção mais intimista em um restaurante mexicano e convidei familiares e amigos de maior convivência. Mal poderia imaginar que Gustavo também fazia planos de me pedir em casamento.

Fiz um discurso emocionado e agradeci a todos por estarem ali comigo. Lamentava, apenas, que meu pai não estivesse presente, pois a data coincidiu com uma viagem dele para o exterior. Estava um pouco triste porque, embora ele tenha me presenteado com todo o jantar, não pôde saboreá-lo ao meu lado. No fundo, queria desassociar meu pai daquela figura de provedor ausente.

Questionava se ele teria perdido este momento caso eu tivesse me formado em Medicina, como ele sempre desejou. Mas afastei estes pensamentos e me concentrei em agradecer e reconhecer que, apesar de não ter seguido o sonho dele, estava orgulhosa de mim.

Subitamente, Gustavo se levantou com uma taça na mão começou a me elogiar e propôs um brinde. As pessoas gritavam: "— É agora!", e eu comecei a ficar nervosa. Não sei ao certo o que ele disse, comecei a entrar em pânico. Ele pediu para minha mãe e meu avô a bênção para pedir minha mão em casamento e eu desabei a chorar.

Enquanto ele colocava a aliança no meu dedo eu mal sorria, só chorava. Entrei em estado de choque: olhos arregalados, balançava a cabeça que "não" mas disse "sim".

Essa não era a reação que eu imaginava ter nesse dia e acho que, além dele, outras pessoas também se decepcionaram. No banheiro, levei uma bronca da minha mãe: eu a estava envergonhando.

O que fazer quando não sabemos o que estamos sentindo e não conseguimos disfarçar? Não era tristeza. Era medo. Muito medo de não conseguir fazer melhor do que meus pais. Eu queria me casar com ele, mas não queria ser infeliz.

Nosso noivado durou dois anos. Precisei de tempo para amadurecer e acreditar que poderíamos ter um casamento harmonioso e alegre. Às vezes, nos surpreendemos com as nossas reações diante de algo tão esperado e nossas atitudes transparecem quando não estamos realmente prontas para aquilo que desejamos.

Em maio de 2015, nós nos casamos em uma cerimônia belíssima escrita por mim juntamente com minha amiga e filósofa, Ana Paula Rabelo. Este foi o dia dos sorrisos mais largos da minha vida até hoje. Quando caminhei para o altar eu tinha convicção de que queria me casar com ele. Eu não tinha certeza de que estaríamos juntos "até que a morte nos separe", mas sabia que não nos permitiríamos tornar a vida do outro infeliz.

Nosso propósito era ser fonte de estímulo, amparo, cuidado, lealdade e carinho. Somar e, enquanto houvesse soma, caminharíamos lado a lado.

No encerramento, assim nos abençoaram nossos pais no altar:

Minha mãe para mim:

"— Minha filha, te abençoo em nome de Jesus, e desejo que essa nova etapa de sua vida seja próspera para você e a sua descendência! Que o amor de Deus esteja presente em cada dia, cada desafio e cada conquista. Seja feliz!"

Meu pai para Gustavo:

"— Gustavo, já te recebi em minha família quando minha filha escolheu você como companheiro. Te abençoo com uma vida de cumplicidade e alegria e que a cada dia, o amor de vocês fortaleça o diálogo e o cuidado de um para com o outro. Seja feliz!"

Minha sogra para mim:

"— Larissa, a decisão de vocês em compartilhar uma vida juntos reforça em mim a escolha acertada que meu filho fez ao querer você como companheira.

Te abençoo com sabedoria neste novo começo e que sua casa seja fundada no respeito mútuo, carinho e felicidade. Seja feliz"!

Meu sogro para Gustavo:

"— *Meu filho, abençoo você com todo o amor e orgulho que um pai pode ter. Que seu casamento te traga muitas alegrias. Seja feliz!*"

Não foi uma cerimônia protocolar, foi exatamente como gostaríamos. Em seguida, festejamos cada minuto da festa com a máxima intensidade. Com ele, em cima do palco, avistei a pista repleta de pessoas queridas. Muitas delas estavam no meu noivado surpresa.

Algumas lágrimas desceram pelo meu rosto –suado de tanto dançar –mas, dessa vez, experimentei algo muito poderoso: absolutamente nada poderia me abalar. Sentia que até se a energia acabasse ou algo muito ruim acontecesse naquele momento, nada poderia roubar a minha alegria nem a esperança de um casamento próspero. Extingui o medo de ser "infeliz para sempre".

No dia seguinte, partimos para uma inesquecível viagem de Lua de Mel planejada com muito carinho pela minha mãe. Ela sempre foi generosa em presentear a mim e a todos a quem ama. Quando retornamos iniciamos a construção de uma rotina que envolvia, naturalmente, receber pessoas em nosso novo lar.

Familiares e amigos começavam a perguntar quando viriam os filhos. Uma cobrança despretensiosa, mas inconveniente que se tornava cada vez mais repetida à medida que os meses se passavam.

Não dava ouvidos, afinal, pouco tardou para que eu tivesse situações muito mais desagradáveis ocupando meus pensamentos. Apenas dois anos depois do meu casamento vivenciei o pior ano da minha vida.

CAPÍTULO 7
O ANO EM QUE PLANEJEI MINHA MORTE

A MORTE É DESTINO INEVITÁVEL DE TODOS NÓS, POR ISSO NÃO DEVE ser temida. Ela é pedagógica, lembrando aos vivos sobre a efemeridade da vida e ensinando-nos o que é sentir uma saudade irreversível. No entanto, há algo de sombrio quando a morte é desejada, e foi exatamente isso que aconteceu em 2017, quando eu desejei profundamente morrer.

Ao reler meu diário desse período, experimentei sensações mistas. Por um lado, senti uma gratidão imensa por ter superado aquele estado. Por outro lado, tive apreensão, preocupada com a possibilidade de voltar a sentir o mesmo vazio, a mesma anestesia emocional, a sensação de não importar e não me achar importante, ou até mesmo planejar, com muita naturalidade, partir.

Já pensei em queimar estas e outras páginas do meu passado. Mas, ainda me apego à ideia de "museu particular". O passado tem muito a nos ensinar. Museus como os de tortura medieval, do holocausto, da ditadura e tantos outros têm o propósito de não nos deixar esquecer para não repetirmos. Servem mais de alerta do que de lembrete. E meus diários me alertam muito sobre padrões a não serem repetidos.

Os motivos que me levaram àquele estado de profunda depressão são irrelevantes. Se eu os detalhar aqui corro o risco de ser colocada sob julgamento. *Ah, que exagero, não era para tanto! Passei por muito pior e não tive que tomar remédio!*

Saiba, querida leitora, que depressão não é falta de fé, não é frescura, e, embora seja reconhecida como uma patologia desencadeada por diversos fatores emocionais, há também diversos estudos científicos[3] internacionais que sugerem associação da doença a mutações genéticas. Há pessoas mais suscetíveis à depressão e, talvez, eu seja uma delas. Não julguemos!

O que importa dizer é que meu corpo e minha mente realmente pifaram, mas eu disfarçava extremamente bem. Por fora mantinha a sorriso, o cuidado com a aparência, mas por dentro estava em cacos.

Meu corpo ficava frequentemente febril, tinha candidíase de repetição, quedas assustadoras de cabelo, infecções urinárias fortíssimas, sudorese, tontura, insônia, palpitações, choros repentinos e, o pior de tudo, parecia que eu não estava no meu corpo.

Eu frequentava ambientes com um distanciamento brutal. Às vezes as conversas das pessoas pareciam um monte de som indecifrável. Eu não conseguia prestar atenção. Meu olhar era vago e sem brilho. Eu só queria ir embora. Sumir.

Comecei a escrever poemas sobre a beleza da morte. Depois, passei a escrever sobre como eu gostaria de morrer e, foi quando comecei a traçar um plano de me envenenar que percebi: eu estava afundando de um jeito que nunca tinha experimentado.

Consciência é diferente de mudança. E a mudança só veio quando eu me abri para pedir ajuda. Com o apoio do Gustavo, do meu pai e da minha amiga Érica Beranger –na época não quis compartilhar isso com mais ninguém –recorri a profissionais de saúde mental. Pensei em me abrir para minha mãe, mas temia que ela se desesperasse ou tentasse

3 Recomendo a leitura do artigo Fatores genéticos associados a depressão: uma revisão sistemática sobre os genes e polimorfismos associados publicado em agosto de 2021 no **Brazilian Journal of Development, Curitiba, v.7, n.8, p.84703-84718. DOI:10.34117/bjdv7n8-603**

me arrastar para cultos religiosos para "expulsar espíritos malignos". No fundo, eu sabia do que eu precisava.

Fui diagnosticada por um psiquiatra de reputação irrefutável, e, durante um ano e meio, utilizava Zoloft diariamente, fazia terapia, às vezes, duas vezes na semana e praticava exercício físico todos os dias até que, posso dizer, nasci novamente.

Digo isso, pois após experimentar o amargo dessabor da apatia passei a ver a vida, as pessoas e a mim mesma de uma forma bastante diferente. Comecei a ter perspectivas positivas sobre o futuro, traçar planos e entender o que precisava mudar. Amadureci.

Foi um período de apreciação por genuinidade e de queda de várias máscaras. Tomei pavor do perverso mascarado de bondade. Dos discursos sedutores e rasos. Das distrações com apelo afetivo. Da hipocrisia que mantém as aparências. Das manipulações sutis que criavam amarras invisíveis. Gaiolas de ouro ainda são gaiolas. Precisava me libertar de tudo que me aprisionava em crenças e valores que não eram meus.

Foi um período de mudança definitiva no meu ser: passei a apreciar o não saber, a dúvida, a vulnerabilidade, a mudança de opinião baseada em evolução de pensamento ao invés da rigidez dogmática dos presunçosos. Por isso me afastei de quem sempre alegava saber demais, fazia imposições ou incutia culpa por meio de julgamentos.

Passei a ver mais beleza nas pessoas que erram, refletem, aprendem e recomeçam. A ver mais virtude em quem se basta com discrição do que quem ostenta títulos, posses e conquistas. Tornei-me seletiva e reservada a um círculo onde precisava reinar confiança e reciprocidade.

À medida que me distanciei daquele estado depressivo, passei a temer o não viver. Diferentemente da morte, o não viver é desesperador. Por isso, há quem procure o fim com as próprias mãos, para acabar com o desespero mediante a única solução que consegue vislumbrar. Novamente, não julguemos!

Em leituras sobre maternidade deparei-me com os conceitos de *maternity blues, baby blues,* psicose puerperal e depressão pós-parto.

O primeiro e o segundo são sinônimos de tristeza materna, acometem cerca de 2/3 das mulheres e se caracterizam por irritabilidade, labilidade do humor, choro fácil e indisposição.

O terceiro e o último estão catalogados no CID.10 –Classificação Internacional de Doenças –como tipos de Transtorno do Humor sendo a psicose puerpural "[...] um quadro delirante, frequentemente alucinatório, grave e agudo que aparece do segundo dia a três meses depois do parto" e a DPP – depressão pós parto é mais severa durando de 30 dias a dois anos e atinge de 10 a 15% das mulheres que amamentam[4].

Futuramente receio que a vida outra vez me faça mergulhar em águas tão sombrias. Seria minha experiência do passado um presságio de como a maternidade poderia me impactar?

Inúmeros estudos vêm mostrando uma forte correlação entre história prévia de transtornos afetivos e Depressão Pós-parto[5]. Há estudos que apontam em 60% a incidência de Depressão Pós-parto entre mulheres que se haviam submetido a tratamento prévio para algum transtorno afetivo,

4 Disponível em https://www.cemp.com.br/textos.php?id=40

5 Atkinson, 1984; Cutrona, 1986; Gotlib, 1991; Graff, 1991; Logsdon., 1994; O Hara, 1983, 1983; Whiffen, 1988, 1993. Disponível em https://www.cemp.com.br/textos.php?id=40

em comparação a apenas 3% entre mulheres sem história prévia de transtorno afetivo[6].

Teriam minhas avós, minha mãe[7], minhas tias, minha sogra ou minhas amigas passado por algo semelhante em silêncio? Se sim, o que as fez superar? Quais as cicatrizes que ficaram nessas mulheres e em seus bebês?

Há homens que sequer sabem o que é puerpério. Há homens tão covardes e insensíveis que ainda durante esse período de extremas adaptações cobram de suas esposas a mesma frequência sexual prévia ao nascimento do bebê. Homens que traem, porque não suportam o cheiro de leite que a mulher exala, nem as olheiras nem o mau humor decorrentes da privação de sono. Que as chamam de chatas, frígidas, desleixadas. Que queriam ser pais, mas ainda não tinham aprendido a ser bons maridos. Nem homens bons.

Por que diabos não falamos mais abertamente sobre tudo isso? Tracei um diálogo imaginário:

— *Gustavo, o que você sabe sobre os possíveis efeitos do parto para uma mulher? E se eu tiver novamente depressão, mas desta vez com um bebê para cuidar?*

— *Ah Lara, a gente faz dar certo. Se ficar pensando muito em tudo que pode dar errado a gente não faz nada. Eu vou estar do seu lado.*

Com ele é mais um menos assim. Eu aperto, ele afrouxa. Eu questiono, ele afirma. Ora vira omissão, ora vira sabedoria. Estaria eu disposta a arriscar? Só eu sei a minha resposta. Só você sabe a sua,

6 Gotlib s, 1993. Disponível em https://www.cemp.com.br/textos.php?id=40

7 Sugawara (1997) constatou que a mulher com sintomas emocionais pré-menstruais antes da gravidez é mais propensa a desenvolver Depressão Pós-parto. Lembrei que minha mãe, desde adolescente, foi acometida com muita cólica, queda de pressão, enxaqueca e outros sintomas fortes de TPM.

querida leitora! A vida pode ser um labirinto de desafios e emoções, mas a busca pela cura e pelo entendimento profundo de si mesma é um caminho que vale a pena percorrer.

CAPÍTULO 8

RELÓGIO BIOLÓGICO

O ano é 2023. Duas semanas antes do meu aniversário de 35 anos, compartilhei com Gustavo que este seria um ano decisório para nós dois.

Independentemente do estresse emocional –devido ao estado de saúde dos meus pais –sentia que precisávamos olhar para nós dois e para o nosso projeto familiar. Sentia que falávamos menos do que deveríamos sobre o futuro que queríamos construir juntos. Vivíamos com muito foco no presente e sonhávamos de forma isolada.

Ademais, incomodavam-me as inferências alheias de que nossa família estava incompleta. Incomodava-me minha sogra dizer com bastante frequência que "filhos são a melhor coisa do mundo" e, nas minhas costas, pedir aos meus pais que me encomendassem netos.

Incomodava-me o tom brincalhão que meu marido gostava de dar quando questionado sobre filhos. "Estamos tentando *muito*", "estamos praticando" –sempre usando um tom de garanhão. Que preguiça! Será que ele interpretava que as pessoas estavam inferindo que transávamos pouco?

Incomodava-me ter que sorrir diante de comentários desnecessários como "o Carlos Henrique é a cara do Gustavo, é mais filho dele do que do seu cunhado". "Gustavo é tão desenvolto com crianças, quando é que você vai realizar o sonho dele de ser pai"? "Fulaninha gosta tanto de você, não tem vontade de ter uma menininha também"?

Para quem conhece minimamente sobre análise de discurso, esses comentários estão sobrecarregados de equívocos! Generalização, posse, romantização, reducionismo. Mas ok, sejamos práticas, a convivência social é repleta de falas superficiais e aleatórias para cobrir silêncios desconfortáveis e não devem ser levadas ao pé da letra nem tão a sério. Eu sei. Eu sei que não deveria me irritar com coisas pequenas e que relevar esse tipo de *nonsense* seria mais sábio da minha parte.

O problema não eram os comentários. Era a sensação de "cutucada" na minha indefinição. O problema sempre é interno! Cada fala dessas chegava como um lembrete do meu inconsciente: "Larissa, seu relógio biológico vai escolher por você caso você não se decida, é isso mesmo que você quer?"

Não! Eu nunca gostei da sensação de ser marionete, de ter um agente externo ditando meus movimentos. Mas, e quando o agente habita dentro de você?

Embora eu concorde com a afirmação 'meu corpo, minhas regras' é crucial reconhecer que a fisiologia exerce influência sobre os limites de nossa autonomia.

Em outras palavras, todas as mulheres enfrentam certas **premissas impostas pela 'Mãe Natureza', que afetam algumas de nossas escolhas, mesmo quando tentamos seguir o manual de instruções que idealizamos para o nosso próprio corpo.**

- **Nem todas as mulheres estão aptas a gestar filhos.**
- **E, para as que estão, o avançar da idade aumenta as chances de gravidez de risco para a mulher e para o bebê.**

Devo tomar uma decisão antes dos 35? Espera, este ano já completo 35! Preciso me decidir então até os 36 e engravidar antes dos 40? Se não der certo de forma natural, toparia fazer fertilização *in vitro*? Poderia optar pela adoção?

Certamente a parentalidade pode ser exercida independente da gestação, mas a escolha da adoção não é imune a preconceitos ainda existentes em muitas famílias. Como minha família lidaria com esta escolha, considerando que meu tio avô teve muitos problemas de relacionamento com suas filhas adotivas? Gustavo consideraria esta opção? Seus pais respeitariam esta escolha?

Tic-Tac. Tic-Tac. Tic-Tac...

Congelei sete óvulos em 2020, com 32 anos. Foram necessárias duas coletas para uma amostragem satisfatória. A terceira foi recomendada, mas eu não quis me submeter novamente às agulhadas diárias, à barriga protuberante devido aos hormônios, à sensibilidade extrema que me fazia chorar até em propaganda de TV, aos ultrassons de monitoramento, às idas à clínica conhecendo muitas mulheres jovens com câncer que precisavam daquela única tentativa dar certo antes da cirurgia de remoção dos ovários ou da quimioterapia[8] ou outras tantas mulheres obcecadas pela maternidade que já se haviam desfeito de muitos bens e estavam na quarta ou sexta tentativa frustrada.

Aquilo tudo me fragilizou. Congelei por influência do meu pai, da minha ginecologista e para desencargo da minha consciência. Caso optasse por ser mãe tardia, poderia recorrer a óvulos saudáveis. Poderia? Gostaria? Suportaria?

Não me arrependo desta decisão, mas, no meu íntimo, espero não precisar recorrer a esta alternativa. Admiro a ciência, mas me identifico mais com a poesia inerente à concepção natural –quando desejada

8 A maioria dos medicamentos quimioterápicos podem danificar os óvulos da mulher e/ou afetar a fertilidade. A intensidade desse dano dependerá da idade da mulher, dos tipos de medicamentos utilizados e doses administradas.
Fonte: http://www.oncoguia.org.br/conteudo-tratamentos-para-o-cancer- que-podem-afetar-a-fertilidade-feminina/10102/65/

e bem executada. Gerar um fruto de um ato de muito amor, paixão, desejo e consentimento.

Tic-Tac. Tic-Tac. Tic-Tac...

Três anos após o congelamento, continuo sem nenhuma vontade de ser mãe. Amo meus afilhados, divirto-me com os filhos e filhas das minhas amigas, mas zero vontade de ter "o meu" bebê. Após oito anos de casada, recentemente comemorei com Gustavo nossas bodas de papoula[9] –associada à fertilidade e vitalidade –"ainda" sem filhos apesar de um útero saudável. É uma questão de escolha, afinal?

Se considerarmos o tempo desde o início do namoro, estaríamos celebrando nossas bodas de turquesa[10] que remete ao azul, seja do céu ou do mar, pois ambos passam por inúmeras mudanças como a agitação das águas e as tempestades do céu. Identifiquei-me mais com a boda de turquesa.

Um salve ao céu, ao mar, à imensidão de possibilidades e ao mistério do desconhecido que habita em ambos e em nós.

Tic-Tac. Tic-Tac. Tic-Tac...

9 Bodas de Papoula – 8 anos de casamento. Fonte: https://www.dicionariopopular.com/bodas-de-casamento/

10 Bodas de Turquesa – 18 anos de casamento. Fonte: https://www.dicionariopopular.com/bodas-de-casamento/

PARTE II
PRESENTE

CAPÍTULO 9
HARMONIA

A primeira parte deste livro foi dedicada a falar predominantemente do meu passado, apesar de ter intercalado também reflexões atuais. Espero que você, cara leitora, não se tenha perdido nas idas e vindas na linha do tempo.

Escrevi minha história - minha versão da minha história - porque é na narrativa que se entendem as entrelinhas. Fatos são frios e inquestionáveis, narrativas são interpretações regadas de emoções e de subjetividades. Acredito que você pode desfrutar desta leitura ainda que se tenha deparado ou se depare com partes com as quais discorde agudamente. Acredite, isso nos complementa, não nos afasta!

Nada foi ou será esmiuçado nos mínimos detalhes, apenas os elementos mais relevantes e profundos estarão aqui. Compartilhei, na primeira parte e compartilharei daqui em diante o suficiente para que você vislumbre o quanto temos (ou não?) em comum. O quanto experimentamos, todas, em diferentes medidas, momentos duros e alegres, de queda e de triunfo, de incompreensão e de revelações, de injustiça e de retidão.

Tenho amigas mães que sofreram violência sexual, que ficaram órfãs ainda jovens, que enterraram o irmão adolescente, que se divorciaram com um filho de 3 meses no colo, que enfrentaram o duro diagnóstico de leucemia do filho de um ano, que testemunharam violência doméstica dos pais, que viveram violência psicológica, que ficaram viúvas enquanto ainda amamentavam a filha, que enfrentam fortes crises de pânico e ansiedade... estou rodeada de histórias muito duras e também de muita superação. Estamos.

Muito provavelmente, os desafios que enfrentei e que minhas amigas enfrentaram não teriam reverberado da mesma forma em você e não teriam gerado as mesmas dores e lições aprendidas.

Entretanto, o sofrimento não é algo digno de comparação nem de julgamento. Compete a nós a empatia, o aprendizado e a escolha por fazer igual ou diferente em nossas próprias vidas.

As dinâmicas familiares e o ambiente em que cresci enquanto moldava minha personalidade – o turbulento divórcio e convivência dos meus pais, somados às mudanças frequentes de casa/bairro/cidade/país/escola/amigos – tornaram-me uma pessoa descrente de tudo o que se coloca como permanente ou para sempre.

Por isso, nunca acreditei em casamento "até que a morte os separe", não construí uma jornada profissional linear, não tenho apenas amizades de infância, não quero ficar na mesma casa ou cidade até envelhecer.

Não me apego, não quero me apegar e tenho dificuldade de me afeiçoar a pessoas que não tenham um mínimo de desprendimento.

Sou vento. Brisa leve, vendaval, sou movimento! Reconheço, sem culpa, que meu principal valor é a liberdade. Não é a família, o amor nem a fé.

E isso não significa que aqueles não sejam valores importantes para mim, apenas que não são minha principal prioridade quando pondero minhas escolhas.

Tudo que possa fazer-me sentir presa me causa repulsa, me afasta de mim e, portanto, não é uma escolha que me traga paz. Esta constatação não é compartilhada por todas as pessoas.

Talvez, inclusive você, possa estranhar minhas palavras. Mas espero que concorde com o quão importante é considerarmos a multiplicidade de escalas de valores existentes. Caso contrário, incorremos no erro da imposição do nosso "certo" sobre o "errado" alheio.

Também não acredito que tudo deva ser relativizado, mas quando o assunto é escala de valores pessoais, o respeito às diferenças é o caminho mais acertado para a convivência harmoniosa.

Na mitologia grega, Harmonia –Concórdia para os romanos –é filha de Afrodite e de Ares[11]. Como fruto da união da deusa do amor e do deus da guerra representa, simbolicamente, o equilíbrio ideal, a paz, o oposto da discórdia.

Harmonia diante das diferenças é o que estou buscando no presente. Não quero ser convencida por quem tem/quer ter filhos de que eu preciso deles para minha vida fazer sentido. Enquanto

11 https://www.academia.edu/44540008/A_DEUSA_HARMONIA_filha_de_Afrodite_e_de_Ares

reflito criticamente sobre a maternidade também não estou tentando convencer estas pessoas do contrário. Por isso escolhi aprender mais sobre maternidades e não maternidades[12]: para convencer apenas a mim mesma sobre qual será a minha decisão.

O momento presente é uma dádiva. Refletir e discutir a decisão por ter filhos ou não é uma conquista recente e, ainda não universal, das mulheres.

Mulheres que refletem sobre esse tema precisam olhar com amor para o seu passado e seus papéis. Precisam acolher suas vivências como filhas, irmãs, sobrinhas, netas etc. para internalizar de verdade que cada um faz o seu melhor possível no papel que ocupava ou ocupa. Precisam refletir sobre seus valores inegociáveis e o futuro que desejam ter. Caso contrário, não terão filhos ou os terão pelos motivos errados.

Interessante ressaltar que, ao reler o que já havia escrito até aqui, me dei conta de que este é o nono capítulo do livro. Mera coincidência ou fruto da minha aguçada observação e sensibilidade refleti: nove meses para gerar um bebê e nove capítulos revisitando o meu passado para, enfim, conseguir "parir" os capítulos sobre o meu presente. Sobre o meu plano para construir uma escolha intencional.

Uma escolha que não temerá o futuro. Uma escolha para mulheres corajosas. Uma escolha que você, querida leitora, também pode fazer.

Independente das circunstâncias pelas quais eu e você vivemos, a vida harmoniosa exige de nós enxergar beleza na inconstância, na impermanência, na dança do universo que não é, em absoluto, uma linha reta. Passo 1, passo 2, passo 3 etc. só existe nos livros. Entenda isso muito claramente antes de seguir para o próximo capítulo!

12 Note que coloquei ambas no plural, exatamente por já entender que não existe uma única experiência que podemos chamar de "maternidade" ou de "não maternidade". Cada vivência, de uma e de outra, é muito particular a cada realidade das pessoas envolvidas a depender de situações econômicas, sociais etc.

CAPÍTULO 10

E SE HOUVESSE UM MANUAL PARA ORIENTAR A DECISÃO SOBRE TER OU NÃO FILHOS?

NÃO HÁ UM MANUAL PARA ORIENTAR A DECISÃO SOBRE TER OU NÃO filhos, mas eu vou compartilhar a minha caminhada transformadora que começou em 2023 e resultou na decisão mais criteriosa da minha vida. Entenda-a como uma bússola e, se for um instrumento útil a você, use-o.

Em janeiro deste ano, eu e Gustavo travamos um diálogo inédito dentro do carro a caminho de Juquehy, São Paulo, para uns dias de descanso. Ao ponderarmos sobre questões que nos incomodavam pactuamos dedicar este ano para nos decidirmos de uma vez por todas se iríamos ter filhos. Daríamos um basta à indecisão sobre esse aspecto do nosso futuro como família.

Caso optássemos por engravidar, eu removeria o DIU em janeiro de 2024. Caso optássemos por não engravidar, comunicaríamos à família sobre a nossa decisão e solicitaríamos, gentilmente, o fim das "cutucadas" e das tentativas de mudança de ideia.

Caso divergíssemos sobre qual caminho adotar, seguiríamos separados rumo ao futuro que queríamos ter como homem e mulher.

Pragmáticos assim. Ou, como diria minha mãe, dois *icebergs*. Pouco importa o adjetivo.

Enfim um alívio tomou conta de mim. Existe um poder que nasce ao assumirmos a responsabilidade pelas próprias escolhas!

Nosso "plano" não tinha pretensão de ser perfeito, mas de fazer sentido genuíno para ambos e ser factível para o contexto em que estávamos vivendo. Ideias mirabolantes ou confusas não seriam aceitas, visávamos à concretude de um "manual" com passos claros a serem seguidos e, como ele não existia, construímos o nosso.

Tínhamos, pela primeira vez juntos, doze meses de muita clareza e sintonia pela frente, ainda que o resultado desse processo fosse incerto. Com um longo suspiro, concluí no meu íntimo que clareza gera paz e aponta próximos passos enquanto que a busca por certeza imediata pode paralisar.

Compartilharei a seguir a organização didática da conversa que tivemos. Como já dito, não tenho a pretensão de criar um manual ou dizer a você, querida leitora, que este deva ser o seu caminho também. Espero, apenas, inspirar você a conhecer um dos possíveis caminhos que pode adaptar e trilhar para se decidir pela sua maternidade ou pela sua não maternidade.

Decida-se! Não deixe que decidam por você! Lembre-se que este direito não está disponível a todas as mulheres, mas se este livro chegou às suas mãos, é porque você se permite refletir e isso nos une de forma visceral, ainda que nossas escolhas venham a ser diferentes.

"Uma mente fechada é como um livro fechado,
somente um bloco de madeira"
Provérbio chinês.

Passo 1: *Defina um prazo*

Fui apresentada à Lei de Parkinson por um professor de finanças e nunca mais me esqueci dela, devido à sua altíssima aplicabilidade cotidiana. Para seu formulador, o britânico Cyril Northcote Parkinson, "[...] o trabalho expande-se de modo a preencher o tempo disponível para sua realização"[13], ou seja, quando realizamos atividades, tendemos a nos moldar ao tempo disponível e não buscamos naturalmente a eficiência.

Se temos muito tempo disponível, nossa tendência é a procrastinação, é fazermos outras coisas antes e somente quando o prazo está se aproximando do fim é que corremos para realizar o necessário. Por isso, pessoas jovens comumente não agem em prol dos seus investimentos para aposentadoria ou para sua saúde. Acreditam que ainda terão muito tempo pela frente para agir sobre isto.

Ter definido um prazo de até 12 meses para nossa decisão foi o passo mais importante. Sem uma "linha de chegada" continuaríamos seguindo em rumos e ritmos desencontrados. Estávamos postergando conversas necessárias, pesquisas importantes, posicionamentos familiares e sociais.

Andávamos distraídos, seguindo nossas vidas como água corrente que segue o fluxo. O prazo teve o efeito de um represamento no sentido positivo, uma definição de margens para um rio que precisava virar lago. Precisávamos ser contidos para ganhar volume e profundidade.

Há alguns anos, uma psicanalista me sinalizou que estava lidando com determinada situação familiar "colocando só a pontinha do pé na água". Não estava entrando de cabeça na resolução do problema.

13 https://pt.wikipedia.org/wiki/Lei_de_Parkinson#cite_note-1

Aquilo me marcou porque sempre me considerei uma pessoa intensa e empenhada. Não tenho dúvidas de que se ela estivesse me acompanhando neste momento diria que eu praticamente virei uma nadadora profissional. Ter um prazo funcionou para mim como aquele revolver de competições de natação que dispara o pulo de ponta na água fria e determina a saída apenas do outro lado da piscina. Desta vez, eu estava disposta a mergulhar com tudo e ir até o fim!

Ideias centrais

- Não ignore a Lei de Parkinson. O ser humano não busca naturalmente a eficiência.
- Prazos nos ajudam a não divagarmos excessivamente.
- Cuidado com prazos excessivamente curtos para projetos complexos, afinal, planos mirabolantes estão fadados ao fracasso.
- Para nós, o prazo acordado para a decisão sobre filhos foi de até 12 meses.
- Dedique-se verdadeiramente, caso contrário, você ficará com a sensação de "ter colocado somente a pontinha do pé na água". Mergulhe neste processo!

Passo 2: *Trace um objetivo compartilhado, mas um plano de ação individualizado*

Olhando em retrospecto, vejo que grande parte das minhas frustrações no relacionamento com Gustavo se deram por comparação. Eu já tive padrões muito rígidos de certo e errado no que se referia a romantismo, independência, saúde, relacionamento familiar, diversão, amizade, fé e erudição. Enxergava defeito onde só havia diferença.

Por exemplo, julgava-me superior por devorar livros e cursos enquanto ele não gostava de ler nem de estudar. Por falar vários idiomas enquanto ele não se interessava nem por filmes legendados. Por praticar exercício físico regular e não beber cerveja enquanto ele não dava a mínima para sua barriguinha de chopp. Por ter buscado autonomia profissional enquanto ele sempre se dedicou exclusivamente aos negócios da família.

Gustavo nunca foi o tipo de pessoa que precisava se provar. Gostava de agradar fazendo o que gostava, parecia não saber o que era angústia e sofrimento porque exalava bom humor e leveza.

Escolheu caminhos diferentes dos meus, mas nunca demonstrou arrependimento e pouquíssimas vezes tentou me persuadir com suas ideias. O fato de ele me aceitar integralmente na maior parte do tempo, de respeitar nossas diferenças e de não ter cedido a algumas imposições me fizeram respeitá-lo e querer evoluir.

Ainda tropeço na minha altivez, mas reconheço que o respeito às diferenças passou a ser um traço bastante presente na minha personalidade, pois o sofrimento diminuiu drasticamente quando parei de querer mudar as pessoas.

Joshua Fields Millburn no livro *Everything That Remains* diz: "*You can't change the people around you, but you can change the people around you*". Entender que não cabia a mim mudar ninguém, mas escolher com quem me relacionar – com que frequência, em quais contextos etc. –fez toda a diferença! Escolher mudar para manter Gustavo e outras pessoas importantes ao meu lado e afastar aquelas que não vinham para somar.

Em um dado momento, aceitei que ele não seria a melhor companhia para falar sobre livros, entender meus dilemas familiares, convidar para cursos e palestras, acompanhar-me na academia ou nos bailes de dança de salão.

Gustavo seria minha melhor companhia para apreciar diferentes vinhos, partilhar viagens, viver aventuras, compartilhar a rotina e ser apoio quando preciso. Quando juntos em silêncio –ele na rede social e eu no Kindle –trocamos olhares, sorrisos e gestos de carinho.

Gostamos da companhia um do outro, apesar de sermos muito diferentes, e buscamos também nos rodear de outras pessoas que nos complementam. Eu não suportaria um relacionamento simbiótico e me alegro de ter aprendido a ver beleza na diferença.

Tudo isso para dizer: um "plano de ação" sobre a decisão de filhos não poderia ser o mesmo para nós dois. Sem imposições cada um tinha que se comprometer a seu modo. O trajeto que seria percorrido até o final do ano seria diferente para nós dois respeitando a nossa individualidade.

Portanto, uma vez que tínhamos clareza sobre o objetivo compartilhado (decidir sobre ter ou não filhos) e o prazo acordado (até 12 meses), cada um desenhou o seu Plano de Ação individualizado.

EU combinei que:

- ✓ paralelamente ao cuidado dos meus pais até que fosse necessário, me dedicaria a **pesquisar e ler** intensamente sobre os assuntos relacionados à maternidade. Não me engajaria apenas em adquirir conhecimentos relacionados à carreira;
- ✓ direcionaria a minha **terapia semanal** para o autoconhecimento que me ajudaria nessa decisão. Confrontaria qualquer resquício de trauma e/ou de pendências emocionais com minha família

de origem que pudessem estar me afetando na decisão por ter ou não filhos;

- ✓ **escreveria um livro**. A princípio para me ajudar na organização de ideias, pois é uma metodologia que eu utilizo desde os doze anos. Mas ao longo da escrita, foi se tornando um projeto maior, com a pretensão de ajudar outras mulheres que estivessem atravessando o mesmo momento emocional que eu.

ELE combinou que:

- ✓ **leria o livro que eu me propus a escrever**;
- ✓ estaria mais **aberto a conversar sobre o assunto** comigo e com seus amigos pais de crianças e de adultos. Pedi que se abrisse mais com pessoas com quem tivesse liberdade, perguntasse diretamente sobre a vivência da paternidade, impactos para o casamento, mudanças boas e ruins. Queria que ele conversasse não apenas com os amigos da nossa idade que estavam ainda "deslumbrados" pela fofura dos filhos pequenos, mas que conversasse também com seus amigos mais velhos cujos filhos já tinham desenvolvido personalidade própria e não fossem mais crianças.
- ✓ faria **terapia** para ter auxílio profissional a também tomar sua decisão e não deixar que apenas eu decidisse por nós.

AMBOS combinamos que:

- ✓ abriríamos espaço no coração para **discutir a possibilidade de não haver um "nós"** no final da escolha de cada um. A separação consensual é uma possibilidade real de todo casal maduro que não quer colocar a "instituição" casamento acima de qualquer sonho pessoal que venha a ser conflitante. Não queríamos carregar o fardo da imposição seguida de acusação e ressentimento;

Não vou negar que houve momentos em que eu o pressionei a ir além, pois sentia que havia certa trivialidade na maneira pela qual ele estava considerando este processo. Nos primeiros cinco meses, Gustavo parecia passivo enquanto eu já tinha feito cerca de 20 sessões de terapia focadas em maternidade, lido 12 dos 25 livros da minha lista, visto um filme sobre gestação e parto e um sobre adoção, duas séries sobre maternidade e carreira, criado uma conta no Instagram para interagir com futuras leitoras e já havia escrito metade do meu livro.

Merda, ainda faço tantas comparações! Mas, pelo menos desta vez, não estava sofrendo. Não estava desejando que ele mudasse a qualquer custo. Não estava traçando planos para forçá-lo a mudar para uma atitude mais engajada.

Estava apenas emitindo lembretes sutis enquanto seguia meu plano e confiava que "se pessoa ao meu lado não mudasse, a pessoa ao meu lado mudaria". Estava segura de que era importante e inegociável que meu parceiro se comprometesse a encarar o universo de ter filhos, seja para tê-los ou para não tê-los. Torcia para que Gustavo pudesse ser esse parceiro, mas respeitaria sua decisão de seguir ou não o plano que ele mesmo desenhou.

Iria mesmo fazer terapia para identificar seus valores e perceber o quanto a paternidade estava ou não relacionada à sua própria identidade e conceito de família plena? Iria se abrir para amigos pais e perguntar por conselhos? Iria suportar ler o meu livro e descobrir trechos da minha vida que estavam reservados somente aos meus diários? Iria se interessar por outros tantos livros que eu havia adicionado na nossa estante do escritório? Iria renunciar respeitosamente à nossa união caso percebesse que nossos objetivos futuros haviam se revelado incompatíveis?

É bem provável que eu finalize o livro antes de ter todas estas respostas. Por ora, escolho apenas seguir com meus combinados e aguardar. Em todo caso, **reconheço que traçar um objetivo compartilhado, mas um plano de ação individualizado foi o passo mais respeitoso do nosso processo!**

Ideias centrais

- Não confunda inspiração com imitação. Sua jornada é mais sua do que de qualquer outra pessoa!
- Para desenhar seu Plano, leve em conta o que gosta de fazer e o que vai te ajudar a superar suas próprias limitações.
- Respeite a individualidade de quem trilhará essa jornada ao seu lado.
- A frustação advém da comparação.
- Você não pode mudar as pessoas ao seu redor, mas você pode mudar o seu entorno.
- Para nós, o plano de ação envolveu pesquisa, leitura, terapia e diálogo intencional com pessoas experientes e entre nós. Mas a maior beleza de tudo foi o respeito às individualidades. O objetivo era compartilhado, mas o plano de ação de cada um foi personalizado.

Passo 3: *Pesquise diversas fontes e chegue a conclusões significativas*

Em abril de 2023, a Organização Mundial de Saúde publicou um relatório[14] baseado em um estudo realizado de 1990 a 2021, que apontou que cerca de 17,5% da população adulta — uma em cada seis pessoas no mundo — sofre de infertilidade. A condição pode ser definida como a "[...] incapacidade do sistema reprodutor masculino ou feminino de se conseguir uma gravidez após doze meses ou mais de relações sexuais sem preservativo".

A diretora de Pesquisa de Saúde Sexual e Reprodutiva da OMS, Pascale Allotey, sugeriu a criação de "melhores políticas de financiamento público, pois milhões de pessoas têm que arcar com o preço catastrófico dos tratamentos contra infertilidade –reprodução assistida incluindo a fertilização *in vitro* –que não são cobertos por planos privados nem pela rede pública de saúde".

Sua defesa está embasada no argumento de que pessoas afetadas pela infertilidade sofrem com ansiedade, estigma e dificuldades financeiras, por causa do alto custo do tratamento, além dos danos à saúde mental e ao bem-estar desses homens e mulheres.

Chocada com o que meus olhos acabavam de ler, eu me perguntei: será que homens e mulheres estariam isentos de "ansiedade, estigma e dificuldades financeiras" após terem filhos? Será justo sobrecarregar a população em geral com mais impostos para financiar esses incentivos recomendados ou faria mais sentido, inclusive do ponto de vista sustentável, desburocratizar o processo de adoção e conscientizar a população infértil sobre a legitimidade da parentalidade sem gestação?

Será que a cultura da romantização da maternidade emaranhada na sociedade – assim como a cultura machista, racista e homofóbica – cega até os pesquisadores mais letrados a ponto de inferirem que infertilidade é um problema global grave? Será que este assunto não

14 Relatório da OMS diz que uma em cada seis pessoas, no mundo, é afetada por infertilidade. Fonte:https://news.un.org/pt/story/2023/04/1812312

poderia ser tratado com mais leveza se o foco da autorrealização fosse direcionado para a esfera individual de legado e não para a coletividade da procriação de genes?

Diante de tantas perguntas e reflexões que fervilhavam em minha mente, reconheci em mim uma capacidade crítica que há poucos meses não existia. Nasceu da minha busca pessoal e incansável por construir minha opinião e decisão sobre ser ou não mãe –via gravidez natural, fertilização ou adoção.

Nasceu das conversas com inúmeras mulheres, das séries, filmes e documentários aos quais assisti, dos livros que selecionei e li com afinco – anotando, relendo, interagindo com as autoras via redes sociais. Falarei no restante deste capítulo sobre minha curadoria de títulos e algumas pesquisas cientificas que complementaram minha jornada até aqui.

Entenda, querida leitora, que essa e todas as obras que você ler sobre o tema serão úteis para o seu processo de decisão. O que não é e nunca será útil para você e para a humanidade é seguir sem refletir. Nossa natureza é filosófica e, em um mundo de falsas certezas, o sentimento mais honesto é a confusão[15]. O acúmulo de informações e abertura para continuamente questionar, experimentar e refletir sobre o que faz sentido para nós é o que liberta de seguir convicções alheias que parecem ser nossas, mas não são.

Para mim, foi importante definir uma lista de leitura. Em janeiro dediquei algumas horas pesquisando por palavras chave como "maternidade", "criação de filhos", "maternidade moderna", "*childfree*", "*childless*", "adoção" e "antimaternidade". Encontrei uma infinidade de leituras possíveis e, seguindo minha intuição, selecionei alguns títulos[16] que mais me chamaram a atenção e que apresentavam pontos de vista variados sobre o tema:

15 Anotei esta frase inspirada em um diálogo de "As Leis de Lídia Poët" uma série italiana de drama inspirada em fatos reais criada por Guido Iuculano e Davide Orsini. A trama acompanha Lidia Poët, a primeira mulher moderna a se tornar advogada na Itália. Lançada em fevereiro de 2023, está disponível na Netflix.

16 Alguns títulos estão em idioma estrangeiro sem tradução, pois realizei a leitura deles no idioma original. Nem todas estas obras poderão ser encontradas facilmente em português.

1. As alegrias da maternidade – Buchi Emecheta (2017)
2. No Kid: 40 razões para não ter filhos – Corinne Maier (2008)
3. A culpa é da mãe: Reflexões e confissões acerca da maternidade – Elisabeth Monteiro (2012)
4. *The conflict: how modern motherhood undermines the status of women* – Elisabeth Badinter (2012)
5. Um amor conquistado: o mito do amor materno – Elisabeth Badinter (1988)
6. Você tem filhos? Como as mulheres vivem quando a resposta é não – Kate Kaufmann (2021)
7. Maternidade e antimaternidade lúcida. A escolha é sua – Jackeline Bittencourt de Lima (2009)
8. Ser mãe é fxd@: mulheres, não maternidade e mídias sociais – Ana Luiza de Figueiredo Souza (2022)
9. Mãe fora da caixa – Thais Vilarinho (2018)
10. A filha da minha mãe e eu – Maria Fernanda Guerreiro (2012)
11. Vale a pena ter filhos! – Bárbara Coloroso (2017)
12. Maternidade: Um romance – Sheila Heti (2019)
13. Homens, mulheres e filhos – Chad Kultgen (2015)
14. *Selfish, shallow, and self-absorbed: sixteen writers on the decision not to have kids* – Megan Daum (2015)
15. A maternidade e o encontro com a própria sombra – Laura Gutman (2010)
16. Além da maternidade: optando por uma vida sem filhos – Jeanne Safer Ferreira e Eduardo Pereira (1997)
17. *Someone other than a mother: flipping the scripts on a woman's purpose and making meaning beyond* – Erin S. Lane (2022)
18. *Childless revolution* – Madelyn Cain (2001)

Fiquei bastante entusiasmada com minha seleção. Havia escolhido autoras brasileiras e estrangeiras, registros históricos sobre o papel social da mulher e das mães, orientações sobre educação de filhos da infância à vida adulta e também busca feminina de propósito na vida sem filhos. Nos próximos capítulos você verá que esta lista foi ampliada para contemplar outros temas que se desdobraram destas leituras.

Alguns livros me interessaram mais, outros foram cansativos e um mostrou-se insuportável para mim. Não concluí o livro "Homens, mulheres e filhos" de Chad Kultgen, porque as histórias perturbadoras de pais frustrados e de valores duvidosos bem como os dilemas adolescentes de seus filhos estavam me causando mal-estar.

Apesar de bem escrito e ter um enredo envolvente, eu estava muito triste na época em que lia aquele livro[17] e isso me fez abandoná-lo quando senti que já tinha aprendido uma importante lição: a fase adolescente pode ser muito mais desafiadora do que a infância e que o maior benefício que podemos trazer para a humanidade é saúde mental e integridade. Que filhos reproduzem, em grande medida, o modelo familiar e que, por isso, é essencial que pais invistam tempo e esforço em autodesenvolvimento, senso crítico e humildade.

As demais obras foram consumidas sem interrupções. Recheava os livros de marcações, comentários e reflexões. Passava parte do meu tempo livre também pesquisando em *blogs*, perfis de Instagram, reportagens e em artigos publicados em revistas científicas. Nesses achados, encarei dados impactantes que derrubaram várias crenças comumente difundidas e consolidaram conclusões significativas:

O instinto do amor materno é um mito

Já escutei com frequência conselhos pautados em "instinto materno". Que uma hora sentirei uma vontade incontrolável de gerar uma vida e que quando essa vida nascer, saberei instintivamente como amamentar,

17 Talvez possa concluí-lo no futuro. Não me obrigo a ler aquilo que não está sendo apreciado. E você, querida leitora, como lida com o desejo de abandonar um livro?

cuidar, diferenciar choros, amar etc. Nunca comprei este discurso e, felizmente, com as leituras que realizei, pude identificar raízes históricas dessas falsas narrativas.

Elisabeth Badinter, renomada historiadora e cientista social francesa, expõe em diversas obras que o amor materno é afetado pelas variações materiais, culturais e históricas em que vivem as mães e que, portanto, não é inato nem instintivo. Não existe amor espontâneo entre mães e filhos. Lembrei de minha mãe contar que, quando me viu na maternidade, me achava tão feia que me chamava de lagartixa e que morria de medo de me machucar por ser tão pequenininha e frágil.

O amor e, consequentemente a beleza no olhar e a segurança para cuidar, só vieram com o tempo e com a ajuda de uma enfermeira para ensinar o banho, a troca de fraldas e tudo o que precisava saber para que eu sobrevivesse nos primeiros meses.

No primeiro capítulo do livro Ser mãe é fxd@ (2022) a escritora Ana Luiza de Figueiredo Souza faz um apanhado histórico no nosso País. Sobre as mulheres do Brasil Colônia eis um trecho que me chamou atenção por também demonstrar que ter filhos vai muito além de cumprir um instinto da natureza feminina:

"O que se extrai da pesquisa referente ao Brasil Colônia é que a maternidade servia como meio de compensar –ainda que de forma problemática –a carência da situação social vivida pelas mulheres. A esposa de um homem rico gerava herdeiros que lhe garantiam maior conforto ao longo prazo. A esposa de um homem das camadas populares ou mesmo a "mãe solteira" tinha nos filhos um complemento a sua força de trabalho, que sustentava a família. As mulheres escravizadas, indígenas ou negras, tornavam-se mais valiosas ao serem capazes de conceber novos escravos –seus filhos –para o senhor, o que podia permitir arranjos mais favoráveis com este último e os demais escravos"(SOUZA, 2022, p. 48 – 49).

A autora apresenta diversos fatos interessantes e aborda como as mudanças no papel e na importância social da mulher ao longo dos séculos, consequentemente, impactaram nas narrativas sobre maternidade.

Foi somente a partir do século XVIII que publicações passaram a associar os termos "materno" e "amor" e causaram o deslocamento da figura da mãe de lugar de autoridade para o âmbito do afeto e do carinho, enquanto a figura paterna passou a ocupar uma função econômica e preceptora. (SOUZA, 2022, p. 53.)

Em resumo, no que tange a maternidade ficou claro para mim: pouco é instinto, muito é construção social.

Crianças não são anjinhos

Construiu-se um imaginário místico relacionado à representação da infância em que crianças são figuras inocentes simbolizadas como anjos em obras sacras, movimentos culturais como o círio de Nossa Senhora de Nazaré ou até em propagandas[18]. Anjos, querubins ou serafins, com ou sem asas, são retratados como alegres menininhos.

Quando alguém me pergunta quando terei o meu “anjinho”, lembro logo das histórias “encapetadas” que já ouvi ou testemunhei. Meu cunhado, Fernando, que colocou fogo no varal de roupas, derrubou litros de tinta sobre si e quase despencou do terceiro andar, brincando de cavalinho no parapeito da sacada. Henrique, caçula da minha amiga Hérika, que escala geladeira, porta e tudo o que pode transformá-lo em um homem-aranha. O filho da Camila que silenciosamente pegou a mangueira da garagem e inundou o carro da família porque queria lavá-lo por fora e por dentro.

A Letícia que decidiu esconder embaixo do carro do vizinho quando brincava de pique esconde na garagem e, felizmente, não foi atropelada por acidente. Meu irmão, que adorava desmontar tudo o que via pela frente e jogar as peças pela janela. São inúmeras histórias de traquinagem que apesar de serem bons motivos de risada hoje, na época, quase mataram as mães de susto.

18 O mundo renasce em cada criança – Grupo Zaffari. Disponível em: https://www.youtube.com/watch?v=8VsS8Cc6ZbY

Elas não se queixam, contam rindo, talvez eu também acharia graça se virasse parte da rotina animada de ter crianças em casa, mas não vou negar que tenho sentimentos mistos quando penso nesse aspecto natural da infância que, convenhamos, nada tem de angelical.

À parte essas bagunças inocentes, existem as maldosas. Desvios graves de caráter que ultrapassam a capacidade de intervenção de pais e mães. Felizmente, nunca convivi com pessoas do gênero Henry Evans do filme "O Anjo Malvado"[19] ou Kevin Katchadourian de "Precisamos falar sobre Kevin"[20], mas senti calafrios na espinha quando, recentemente, ouvi de uma colega ter pegado "no flagra" sua filha mais velha tentando afogar o irmão bebê na banheira. Tomara que nunca passe de um episódio "engraçado" a ser contado por essa família.

Em resumo, no que tange a infância ficou claro para mim: pouco é santidade, muito é humanidade. Ai das pessoas que têm filhos com o argumento de que amam a ingenuidade das crianças!

Não há comprovações de que a maternidade torna a vida de toda mulher mais significativa

Você já deve ter ouvido, ou até mesmo falado, que a vida ganhou mais sentido depois do nascimento dos filhos. Não duvido que seja verdade para quem assim proclama, mas isso não pode ser expandido para uma verdade universal. A busca por sentido é uma questão antropológica

19 Drama estadunidense de 1994 em que o personagem interpretado por Macaulay Culkin é uma criança psicopata, homicida e dissimulada que tenta matar sua própria mãe e irmã. Disponível em https://pt.wikipedia.org/wiki/The_Good_Son

20 Lionel Shriver é a autora do livro We Need to Talk About Kevin (2003) –ganhador do Orange Prize for Fiction em 2005 e adaptado para o cinema em 2012. Disponível em: https://pt.wikipedia.org/wiki/Lionel_Shriver

extremamente complexa e não é possível abordá-la sem considerarmos o conceito de vazio existencial.

Tomei conhecimento sobre Logoterapia e Análise Existencial lendo Viktor Emil Frankl, psiquiatra austríaco sobrevivente de quatro campos de concentração durante o Holocausto. Para ele, o sentido da vida não pode ser egocêntrico, mas advém da dedicação a algo maior do que a si mesmo. Frankl enfatiza que felicidade e prazer são efeitos colaterais, mas não o motivo de uma existência. Por isso, mesmo diante do sofrimento, é possível encontrar sentido.

Seu livro "Em busca de sentido" me fez chorar em inúmeros trechos, mas um em especial tocou-me a alma, pois resume o sentido que tenho dado para a minha vida: conhecer meus valores e trilhar um caminho autenticamente alinhado com eles.

"Nós que vivemos nos campos de concentração podemos lembrar de homens que andavam pelos alojamentos confortando a outros, dando o seu último pedaço de pão. Eles devem ter sido poucos em número, mas ofereceram prova suficiente que tudo pode ser tirado do homem, menos uma coisa: a última das liberdades humanas — escolher sua atitude em qualquer circunstância, escolher o próprio caminho".

Não vejo aquelas pessoas que davam pão ou conforto como santas, superiores ou melhores. Elas assim o faziam porque carregavam o valor de servir e, ao servirem, elas próprias se sentiam mais vivas.

Igualmente, mulheres que encontram sentido próprio na maternidade são aquelas que carregam valores alinhados com todo o "pacote" de ser mãe. Todavia, à medida que os filhos ganham autonomia e independência, muitas mães se esquecem de procurar outros sentidos além do "cuidar da prole" e sofrem da síndrome do ninho vazio à medida que são cada vez menos demandas ou consultadas.

Sem contar as mães que, traídas pelo ciclo natural da vida, enterram seus filhos e precisam encontrar outros sentidos para continuarem a viver. Em 2022, tive o privilégio de ouvir uma palestra provocativa de Cristina Pinho, uma pessoa arrojada e genuinamente comprometida com ações de transformação socioambientais e que, imagino, não faz ideia do quanto impactou minha vida.

Como mulher negra e engenheira, galgou uma sólida trajetória executiva em um ambiente hostil e diante da tragédia do falecimento de sua filha aos vinte anos de idade, fundou, juntamente com o esposo, o ILPS - Instituto Luísa Pinho Sartori[21] para dar continuidade à missão de vida da jovem: impactar positivamente o meio ambiente.

Após uma sessão de terapia em que eu falava sobre o desgaste gerado quando um casal se ama, mas, ao longo dos anos, desenvolve objetivos de vida divergentes e incompatíveis lembrei-me novamente da história da Cristina e Fábio Sartori: eles provam que o oposto é revolucionário!

Casais com confluência de propósito ressignificam adversidades e se fortalecem na construção de algo maior do que a si próprios. Maior do que os filhos que eles tenham gerado, possam gerar ou escolham, juntos, não trazer ao mundo.

Em resumo, no que tange ao sentido da vida, ficou claro para mim: filhos não são e não devem ser responsáveis por suprir o vazio existencial de uma mulher ou de um casal.

O custo de criar filhos não deveria ser considerado somente após o nascimento deles

Fico admirada quando escuto pessoas dizendo estarem "surpresas" com o custo de vacinas, fraldas, mamadeiras, material e mensalidade escolar e todo o conjunto de despesas que virão com a decisão de ter filhos. É o mesmo que chegar em fevereiro e se surpreender com o feriado de Carnaval ou em dezembro dizer: "Nossa, vai ter Natal este ano de novo"?

Ironia à parte, convenhamos: ignorar ou subestimar os impactos financeiros da criação pode ser bastante perigoso. Pode tornar a jornada desgastante. Pode acarretar frustração quando não houver bom aproveitamento dos esforços aplicados. Pode implicar perda de independência e autonomia quando alguma ajuda externa se fizer necessária. Se os padrinhos pagam a educação, podem eles impor qual será a escola frequentada? Se os avós

21 Conheça mais sobre o Instituto Luísa Pinho em: https://institutoluisa.org.br

ajudam com as despesas de casa, podem eles dar pitaco no bairro em que se escolhe morar ou na marca de roupa que se veste?

Bastam algumas pesquisas e uma planilha de Excel –ou papel, caneta e calculadora –para evitar surpresas referentes a despesas óbvias, planejar o melhor momento, elaborar planos de contingência ou, talvez até, reconhecer que o esforço financeiro não valha a pena.

Minha queridíssima amiga Angélica –uma das pessoas que eu mais admiro e por quem tenho muito carinho – certa vez me disse que a maternidade lhe ensinou a lidar com as coisas à medida que aparecem. Que tentar planejar e se informar sobre tudo a deixaria louca. Neste ponto, concordamos em discordar. Pessoas com o meu perfil ficam loucas por outros motivos.

Em fevereiro de 2023, um estudo conduzido por Juliana Inhasz, professora e coordenadora do curso de Economia do instituto INSPER, foi publicado no portal Infomoney e apontou que o custo para criar um filho até os dezoito anos varia de R$ 480.000 (classe C) a R$ 3,6 milhões (classe A)[22]. É claro que inúmeras combinações possíveis de estilo de vida podem afetar estes números, mas há de ser ter em mente que, no Brasil, a parcela média destinada aos filhos é de 30% da renda familiar.

Em um estudo conduzido em diferentes países da Europa[23] sugere-se que os custos aumentam com a proximidade de transição para fase adulta e que, entre 20 e 24 anos, os custos com filhos podem representar 41% do orçamento doméstico (LETABLIER et al., 2009, p. 22).

Há pesquisas também sobre o acréscimo financeiro em casos de deficiências. Um artigo de 2019 publicado no *Journal of Abnormal Child Psychology* aponta que crianças com déficit de atenção custam,

22 Disponível em: https://www.infomoney.com.br/minhas-financas/custo-para-criar-um-filho-ate-os-18-anos-vai-de-r-480-mil-a-r-36-milhoes-diz-estudo/

23 Marie-Thérèse Letablier, Angela Luci, Antoine Null Math, Olivier Thévenon. The costs of raising children and the effectiveness of policies to support parenthood in European countries: a Literature Review. 2009. Disponível em: https://hal.science/hal-00408899/

em média, cinco vezes mais[24]. Em 2011, um estudo chinês publicado no jornal *Research In Developmental Disabilities* também apontou diferenças orçamentárias na criação de crianças autistas, com deficiência física ou mental[25] etc.

Gastos com saúde, alimentação, vestuário, lazer, educação, transporte e moradia fazem com que muitos pais esperem dos filhos retribuição financeira na velhice. Que, minimamente, seus seguros de saúde, gastos com medicamentos, acompanhamentos em consultas e exames etc. sejam "garantidos" por aqueles que tanto receberam.

Se eu optasse por ter filhos confiaria mais nos juros compostos do que nos filhos dispostos. Daria um jeito de criá-los sem deixar de preparar minha reserva financeira para a velhice. Afinal, custos com convênio de saúde, medicamentos, cuidadores/enfermeiras, adaptações de acessibilidade etc. também estão a uma pesquisa de distância e não devem ser surpresa para nós quando atingirmos os 60+.

Em resumo, no que tange aos custos de vida para criação de filhos e dignidade na velhice ficou claro para mim: surpresas óbvias podem ser evitadas com informação e realismo. Ignorar o aspecto financeiro é sinal de problema para o futuro!

24 Zhao, X., Page, T.F., Altszuler, A.R. et al. Family Burden of Raising a Child with ADHD. J Abnorm Child Psychol 47, 1327–1338 (2019). https://doi.org/10.1007/s10802-019-00518-5. Published 23 February 2019 Issue Date 15 August 2019 DOI https://doi.org/10.1007/s10802-019-00518-5 Disponível em: https://link.springer.com/article/10.1007/s10802-019-00518-5.

25 Nina Xiong, Li Yang, Yang Yu, Jiaxun Hou, Jia Li, Yuanyuan Li, Hairong Liu, Ying Zhang, Zhengang Jiao, Investigation of raising burden of children with autism, physical disability and mental disability in China, Research in Developmental Disabilities, Volume 32, Issue 1, 2011, Pages 306-311, ISSN 0891-4222, https://doi.org/10.1016/j.ridd.2010.10.003.Disponível em: https://www.sciencedirect.com/science/article/abs/pii/S0891422210002416

Infertilidade e falta de interesse em procriar pode ser traço evolutivo para controle populacional?

Estava com meu pai e madrasta, ambos médicos, quando li o trecho abaixo do livro *Selfish, Shallow, and Self-absorbed* uma coletânea de dezesseis depoimentos de pessoas sem filhos editada por Meghan Daum:

[...] O aumento da esterilidade voluntária, como a diminuição da fertilidade e o aumento da homossexualidade, pode ser uma adaptação evolucionária à superpopulação. Ou, como o fenômeno é mais prevalente no Ocidente, talvez seja um efeito de riqueza e de fartura. Ou, talvez, seja sintoma de uma civilização em decadência, de perda de vitalidade ou de otimismo[26].

Perguntei se eles já tinham ouvido algo a respeito disso e ambos negaram. Achei então um dado suspeito, pois os dois são profissionais muito estudiosos e especialmente meu pai um grande conhecedor sobre a temática de infertilidade masculina.

Intrigada, dediquei um tempo de pesquisa para encontrar em algum *Journal* de Medicina o estudo mencionado no livro. Sem sucesso imediato, migrei para repositórios científicos em outras áreas de conhecimento: Sociologia, Antropologia e Psicologia. Encontrei um experimento renomado, curioso e um tanto perturbador que pode ter servido de inspiração para o trecho acima.

Conhecido como "Universo 25" o estudo foi conduzido no final dos anos 1960 por John B. Calhoun e consistia na 25.ª edição de uma sequência de experimentos que explorava os efeitos da densidade populacional e do comportamento social em ambientes controlados.

Explicando de forma sucinta o que se passou nesta edição: foram colocados oito camundongos saudáveis (quatro machos e quatro fêmeas) em um compartimento projetado para abrigar até 3.000 ratos. Eram fornecidos todos os recursos de sobrevivência como comida, água e

26 Tradução livre de The rise in voluntary childlessness, like the decrease in fertility and increase in homosexuality, may be na evolutionary adaptation to overpopulation. Or, since the phenomenon is more prevalente in the West, maybe it´s na effect of wealth and plenty. Or perhaps it´s a symptom of a civilization in it´s decadence, a loss of vitality or optimism. (DAUM, 2011, p. 265.

material para construção de ninhos. À medida que a densidade populacional aumentava, a dinâmica social e o comportamento dos animais começaram a mudar drasticamente.

"*Muitas [ratas] eram incapazes de levar uma gravidez até o fim ou, quando conseguiam, de sobreviver ao parir a ninhada. Um número ainda maior, após dar à luz com sucesso, decaía em suas funções maternas. Entre os machos, os distúrbios de comportamento iam desde desvios sexuais até canibalismo e de hiperatividade frenética até um quadro patológico no qual os indivíduos emergiam para comer, beber e se mover apenas quando outros membros da comunidade estivessem dormindo*".

No dia 560 do experimento, o crescimento populacional cessou e, 40 dias depois, uma queda na populaçtão começou a ser registrada. Na sequência, os ratos começaram a se matar e a população foi completamente extinta.

Fig 1 ***Universe 25, February 10 1970, 681 days after colonization. Calhoun in universe with an exceptionally large aggregate of pooled withdrawn mice on the floor just across the centre of the floor from him. Note the aggregation of mice on some food hoppers in contrast to their near absence on others. This is the 'behavioural sink' phenomenon in which the learned need for proximity to others as a secondary reinforcer at a resource site gains dominance over the primary need, in this case food. Photo by Yoichi R Okamoto***

Os trabalhos de Calhoun foram amplamente citados, discutidos e também criticados. Podem servir de advertência sobre as potenciais consequências negativas da superpopulação humana? Da superlotação de presídios? Dos problemas oriundos da abundância e da falta de luta por sobrevivência? Aliás, podemos extrapolar suas descobertas para o comportamento humano ou elas se restringem a roedores? Não é da minha competência nem do meu interesse aprofundar essas reflexões ou tentar respondê-las.

No entanto, achei curiosíssimo tomar conhecimento deste estudo e confesso, passei a achar pertinentes as alegações de Leonardo DiCaprio, Cameron Diaz, Ellen DeGeneres, Miley Cyrus e outros famosos sobre não ter filhos com base em preocupação populacional e ativismo ambiental. Julgava tratar-se de meios para chamarem atenção da mídia com falas polêmicas, mas mudei de opinião após tomar conhecimento desse estudo e ler algumas outras fontes a respeito do tema.

Podemos reconhecer o nexo causal entre a atuação humana e os impactos negativos na natureza, mas não podemos superdimensionar os efeitos individuais nem ações isoladas. Gerar mais humanos estaria, de fato, sendo uma decisão egoísta para o bem do planeta ou haveria outras escolhas mais relevantes em termos de impacto positivo?

Não tenho dúvidas de que as escolhas pessoais dessas celebridades são influenciadas por diversos fatores –não só pela consciência ambiental –e é bem possível que suas opiniões se modifiquem desde o momento em que discutiram publicamente suas decisões até o momento em que você lê estas linhas. Está tudo bem!

Em última análise, a decisão de ter ou não filhos pautada em quaisquer argumentos, crenças ou valores, é profundamente pessoal, mutável e não deve ser ridicularizada. Caso contrário, criamos cisões, rotulamos categorias de *childless* –pessoas sem filhos – legítimos e ilegítimos.

No que tange aos efeitos do crescimento populacional humano ficou claro para mim: é um tema complexo que merece ser aprofundado por especialistas, mas é bem verdade que não podemos dissocia-lo dos desafios de sustentabilidade -quanto

mais pessoas no mundo, mais impacto será gerado no planeta.

A felicidade em casais sem filhos supera a de casais com filhos, mas isso não deveria te afetar

Certa vez, preocupada com o avançar da minha idade e observando a maneira como Gustavo brincava com afilhados, minha mãe disse em tom ameaçador: "Se você não der um filho para o Gustavo vai acabar com o seu casamento".

Ela não foi nem será a última mãe a recomendar à filha que engravide "pelo bem" da relação. Sei que ela e todas as que assim aconselham acreditam verdadeiramente nisto. Ainda que, elas próprias, tenham tido filhos e tenham vivido o fim dos seus casamentos. É impressionante o quanto algumas crenças resistem a experiências que provam exatamente o contrário.

Algumas amigas garantem que a união ficou mais sólida, mas também não negam que o início da maternidade impôs sérios desafios para a relação conjugal, principalmente no que se refere a desejo e disponibilidade sexual.

Outras amigas ainda estão tentando resgatar as identidades de esposa e de mulher que se perderam quando nasceu o papel de mãe. Talvez elas ainda não tenham entendido que não cabe reencontrá-las, mas reformulá-las. Mas quem sou eu para opinar sobre isso, não é verdade? Apenas escuto, acolho, reflito e absorvo o que serve de aprendizado para a minha jornada de decisão.

Eu não sei se meu casamento com Gustavo seria negativamente afetado pela chegada de filhos. Não há como ter certeza. E ainda que, magicamente, eu pudesse ter a certeza de que seria um *upgrade* para nosso relacionamento, teria que também acreditar que essa mudança me faria, individualmente, mais bem do que mal.

Não toparia melhorar a relação com o outro em detrimento da minha relação comigo mesma. Seria ter mais proximidade e segurança em relação a ele, mas retroceder em aspectos de saúde mental, intencionalidade e autenticidade que há anos tenho buscado consolidar.

Como não encontrei livros que comparassem relatos de casais sem filhos e com filhos – se souber de algum por favor me indique! –recorri a pesquisas sobre o tema na tentativa de sanar uma curiosidade: de onde surgiu a crença de que ter filhos melhora ou fortalece uma relação conjugal?

Aparentemente esse pensamento serviu à nossa História. Tratava-se de um artifício de incentivo à natalidade em períodos em que muitas mulheres morriam durante o parto e, logo, tinham medo de ter mais filhos, muitas famílias dependiam de mão de obra adicional para sobrevivência nas fazendas, muitos exércitos eram desfalcados e, consequentemente, nações enfraqueciam seu poder.

Ah, as narrativas! As mesmas que nos fazem acreditar que precisamos de algo para ter sucesso, de determinado corpo para sermos atraentes e que transformam ovo ou banha de porco de vilões a opções nutritivas mais saudáveis.

Não existe um único responsável pela construção de uma narrativa. Elas servem a múltiplos interesses. São criadas, repetidas, consolidadas e, quando conveniente, transformadas.

Este livro, por exemplo, pode ser uma gota no oceano de tantos outros livros, artigos e reflexões que gradualmente enfraquecem a narrativa da maternidade compulsória, ou seja, de que ser mãe é condição natural e desejo universal de todas as mulheres e que, sem ela, somos incompletas. Sem ela, nossos casamentos são enfraquecidos e infelizes. Quanta bobagem!

Então, em uma fria quarta-feira de maio, fui abraçada por um artigo de Laura Caroll[27] –Mestre em Psicologia e Comunicação, pesquisadora internacionalmente reconhecida, escritora sobre vida sem filhos e defensora da liberdade reprodutiva atuante em diversas mídias há mais de 30 anos.

Em "*The Intentionally Childless Marriage*" (O casamento intencionalmente sem filhos) Laura criticou pesquisas anteriores que buscavam comparar o nível de felicidade entre casais com e sem filhos.

Sim, há estudos que apontam para maior felicidade entre casais intencionalmente sem filhos[28], outros que apontam para ciclos de maior ou menor felicidade conforme idade dos filhos, ou seja, demonstram que a satisfação conjugal diminui drasticamente após o nascimento do primeiro filho e aumenta quando o último filho sai de casa[29] e tantos outros achados curiosos. Mas, para mim, o fascinante de Laura foi colocar em xeque a utilidade desses achados:

"*Em vez de continuar a tentar determinar que tipo de casamento é mais feliz, há maior valor de pesquisa em estudar como os próprios casais definem o que um casamento feliz significa para eles e como ter filhos ou não se encaixa na imagem* [30]" (CAROLL,2018, p. 15)[31]

27 Laura Caroll: https://lauracarroll.com/about/

28 Uma análise de aproximadamente 100 estudos de satisfação conjugal da década de 1970 (Twenge, Campbell, Keith e Foster, 2003) descobriu que a satisfação conjugal geral dos casais diminuía se eles tivessem filhos e que a satisfação conjugal dos pais diminuía a cada nova geração.

29 Essa temática é retratada no premiado livro "Stumbling on Happiness" de Daniel Gilvert, pesquisador de Harvard e especialista em felicidade. Encontrei a resenha do livro em português neste link: https://interacoes-ismt.com/index.php/revista/article/download/229/236

30 Carroll, L. (2018), "The Intentionally Childless Marriage", Sappleton, N. (Ed.) Voluntary and Involuntary Childlessness (Emerald Studies in Reproduction, Culture and Society), Emerald Publishing Limited, Bingley, pp. 217-235. https://doi.org/10.1108/978-1-78754-361-420181010

31 Tradução livre de: Rather than continuing to attempt to determine which kind of marriage is happier, there is greater research value in studying how married couples themselves define what a happy marriage means to them, and how having children or not fits into the picture.

A verdade é que muitas escolhas benéficas não são pautadas em satisfação nem em felicidade. Não devemos praticar musculação porque nos faz feliz ou é satisfatório. Não é! –quem ama "puxar peso" fique sabendo que eu sou assídua na academia há muitos anos, mas não gosto.

Fazemos porque melhora a saúde, o sono, a postura, a disposição, a autoestima e garante autonomia de movimentos por mais anos –não precisar de ajuda para ir ao banheiro, tomar banho e vestir roupas, por exemplo. O conjunto de efeitos é satisfatório, o processo em si não. O processo exige determinação, disciplina, constância e equilíbrio.

Considero a vida a dois extremamente desafiadora. Certa vez, um amigo disse que o segredo para continuar casado é que os dois não queiram se divorciar ao mesmo tempo. Eu e Gustavo rimos e concordamos. O que nos fez superar crises difíceis do passado foi a vontade – ora mais minha, ora dele – de fazer ajustes para dar certo, de fazer o outro enxergar que ainda há mais benefício para ambos em seguirmos juntos.

Uma profissional que nos ajuda imensamente a refletir sobre vida afetiva é a psicóloga e terapeuta sexual Ana Canosa. Já, inclusive, recorremos a ela para terapia de casal e recomendo a todas as pessoas que se permitam vivenciar a ajuda profissional no relacionamento em crise. Ana apresenta um Podcast divertidíssimo chamado Sexoterapia e, no episódio sobre construir relações duradouras que ouvi recentemente, ela resumiu:

> *"A gente aprendeu que é preciso distinguir formato com experiência emocional do amor. Não é porque estamos desconstruindo o amor romântico como um ideal e um formato "para-todo-o-sempre-monogâmico-amém" que deixaremos de vivenciar momento de idealização, expectativa, confusão e dor porque romanceamos a relação com alguém".*
>
> *A gente aprendeu também que é melhor assumir o desejo de uma vida compartilhada e emocionada do que negar que se está trilhando o mesmo caminho de maneira camuflada. A gente aprendeu que é possível, sim, construir algo que seja singular, mas é importante não perder de vista que tem o biológico, a personalidade, a maneira como nos apegamos, a realidade da vida, as experiências anteriores, a construção social e*

a narrativa que você mesma quer dar para aquilo naquele momento da sua vida.

A gente aprendeu também que as fases do ciclo da vida nos impulsionam mais ou menos para uma relação romântica e erótica e, às vezes, para uma relação fraterna a depender do momento em que você está. E a gente aprendeu que não é sobre não ter expectativas, mas sobre quais as que você terá sobre a sua relação e a outra pessoa. E mesmo assim, saiba que você, em algum grau, será frustrado, então aprenda a lidar com as inevitáveis frustrações, mas também se jogue para o romance e para o amor, porque, sem eles, a vida fica chata pra caralho! "[32]

Momentos de infelicidade conjugal são inevitáveis, mas enquanto o saldo for positivo, vale a pena permanecer na relação. O peso dessa balança cabe exclusivamente aos dois envolvidos. Felicidade é um estado de espírito impermanente, incomparável e independente de terceiros.

Em resumo, no que se refere a satisfação conjugal ficou claro para mim: o que mantém um casal unido de forma satisfatória tem mais relação com respeito mútuo, capacidade de fazer acordos e concessões do que com a existência de filhos.

Não ter filhos por opção ainda é fonte de estigma e preconceito social

Um preconceito pode expressar-se em um simples olhar de reprovação, exclusões de convites, imposição de limites, comentários ofensivos ou de deboche. Ainda que cause dor e tristeza, por vezes, pode também

32 Episódio na íntegra disponível no portal do Universa UOL: https://www.youtube.com/watch?v=MUpNtRkvb1o. Áudio apenas do trecho transcrito: https://www.uol.com.br/play/videos/universa/2023/05/18/climax-desconstruir-o-amor-romantico-nao-evita-idealizacao-expectativa-confusao-e-dor.htm

causar pena. Afinal, a pessoa preconceituosa está atestando sua ignorância, sua pequenez de consciência e sua arrogância.

Já ouvi que só saberei o que é amor quando for mãe. Fui censurada por ter um "jeitão" aventureiro que gosta de pular de paraquedas e viajar sozinha, afinal, isso é sinal de irresponsabilidade e, quando tiver meus filhos, com certeza não terei mais essas "ilusões". Já me perguntaram se eu tenho nojo de criança, quando eu me recusei a trocar a fralda de um bebê. Um amigo do meu sogro perguntou qual era o meu problema, quando soube que eu ainda não tinha filhos após oito anos de casada. Acredito que de todas, sem exceção, todas as vezes em que disse que não sabia se teria filhos recebi olhares de espanto e fui "obrigada" a me explicar.

Eu não estou afrontando ninguém. Não estou querendo convencer mulheres a não terem filhos, muito menos convencer mulheres com filhos de que cometeram algum tipo de engano.

No entanto, o fato de estar refletindo sobre a maternidade, de questionar alternativas para o estilo de casamento que eu quero ter, faz de mim um incômodo, uma decepção, um tabu. Prova irrefutável disso foi o dia em que ouvi de um familiar: você deveria dizer que têm problemas para engravidar, seria menos vergonhoso!

Em pesquisa realizada de 2010 a 2012 com 642 respondentes, Laura Caroll identificou nove estereótipos mais comumente associados às pessoas, homens e mulheres, intencionalmente sem filhos[33] (CAROLL,2018, p. 8):

1. devem ter tido uma infância ruim;
2. são pessoas estranhas e excêntricas;
3. são tipos voltados para a carreira;
4. são insensíveis;
5. sofrem de falta de sentido em suas vidas;

33 Carroll, L. (2018), "The Intentionally Childless Marriage", Sappleton, N. (Ed.) Voluntary and Involuntary Childlessness (Emerald Studies in Reproduction, Culture and Society), Emerald Publishing Limited, Bingley, pp. 217-235. https://doi.org/10.1108/978-1-78754-361-420181010

6. não são adultos 'reais', ou seja, carecem de maturidade adulta;
7. são materialistas;
8. odeiam crianças;
9. são pessoas egoístas.

Não por acaso, um dos livros que selecionei para leitura nesta jornada já me prendeu pelo título estampado na capa: Egoísta, superficial e egocêntrica: dezesseis escritores sobre a decisão de não ter filhos (Selfish, shallow, and self-absorbed: sixteen writers on the decision not to have kids) – Megan Daum.

Eu não sofro, mas lamento ter que conviver com esse estigma até que eu tenha filhos, ou talvez, até o fim da vida caso opte por não tê-los. Mas o que eu realmente lamento é reconhecer que, em um passado não muito distante, minha mente e meu coração também julgaram mal mulheres que não tinham filhos.

Eu tinha 25 anos quando trabalhei com Linda Mar Peixoto, uma executiva cuja trajetória profissional era repleta de grandes marcos. Ela era uma mulher elegante, firme, exigente e também muito gentil.

Diversas vezes abriu as portas da própria casa e nos recebeu com capricho e fartura. Ela gostava de contar sobre suas viagens ao mundo, mostrar os souvenires que serviam de itens de decoração para sua casa esplendorosa e também nos presenteava com pequenos mimos quando retornava de um passeio.

No meu intimo eu pensava "De que adianta ter isso tudo e viajar para todos esses lugares, mas não ter uma família? Para quem vai ficar todos esses bens? Será que ela é realmente feliz? ".

Hoje, consigo facilmente perceber que aqueles questionamentos eram baseados na insegurança que eu tinha na época. Era incapaz de conceber uma vida plena "apenas" com companheiro, amigos e familiares. Carregava a ideia de legado genético, de propósito familiar bíblico baseado em rebentos[34], de construção de patrimônio para herança e não para usufruto próprio ou partilha com entes queridos que não sejam filhos.

Quando me desliguei da empresa em que trabalhava com Linda Mar para me dedicar o Mestrado uma fala simples da minha ex-chefe me marcou: "Escolher é um privilégio, Larissa, eu fico triste por você estar deixando a empresa, mas fico feliz por você poder escolher". Eu nunca me esqueci disso.

Foi a primeira vez que eu entendi que escolher avançar nos estudos não era opção acessível para todas as mulheres. Que sair de um trabalho não era possível para mulheres sobrecarregadas com compromissos de escola, alimentação, saúde e tantas demandas financeiras que os filhos impõem.

Já convivi com algumas mulheres que não tiveram acesso a tantas escolhas como eu. Danuzia e eu temos a mesma idade, mas ela já é mãe de três filhos adolescentes. Veio do Maranhão para Minas Gerais em busca de melhores oportunidades de emprego e, durante seis anos, realizou faxinas semanais na nossa casa. Sempre conversamos muito, Danuzia é uma mulher firme, honesta e dedicada. Sempre nutri imensa admiração por sua discrição e sensatez. Passava roupas ouvindo dicas de investimento no YouTube ou vendo documentários sobre a natureza e nunca perdia tempo com programas de fofoca ou violências sensacionalistas.

Interrompeu os estudos para cuidar da família e, certa vez, confidenciou-me que o maior sonho dela era poder largar tudo para voltar a estudar. Diversas vezes me flagrei refletindo o quanto das minhas conquistas tiveram um quê de "sorte" da minha origem.

Tivera eu nascido no interior Maranhão, carregado galões de água na cabeça, lavado roupa no açude, ido estudar à noite e engravidado ainda adolescente, minha mentalidade seria a mesma de hoje? Com certeza não.

No dia em que Danuzia também partiu para se dedicar a um outro trabalho que seria mais vantajoso fiz questão de lembrá-la: "Danuzita,

34 Na igreja cristã que frequentava na época o pastor sempre abençoava crianças recém-nascidas profetizando sobre elas um futuro de muitos rebentos. Entendo que ele se pautava na passagem bíblica de Isaías 11:1. "Porque brotará um rebento do tronco de Jessé, e das suas raízes um renovo frutificará". Na época eu acreditava que o propósito de todos os casais era constituir-se como família através do nascimento de filhos. Hoje, felizmente, não penso mais desta forma.

não esquece que eu ainda quero ir na sua formatura, hein? Não desista deste sonho"!

Há quem insista que o ato mais corajoso de uma mulher é ser mãe. Eu tendo a defender que o maior ato de coragem de uma mulher é ser do tamanho dos seus sonhos.

Em resumo, no que se refere a preconceitos ficou claro para mim: quem diminui o valor de uma pessoa sem estudos, sem filhos ou de qualquer outro modo "destoante" de si, está atestando sua própria ignorância.

Ideias centrais

- Nossa natureza é filosófica e em um mundo de falsas certezas o sentimento mais honesto é a confusão.
- O acúmulo de informações e abertura para continuamente questionar, experimentar e refletir sobre o que faz sentido para nós é o que liberta de seguir convicções alheias que parecem ser nossas, mas não são.
- Defina uma lista de leitura que te apresentará a pontos de vista variados sobre o tema de investigação.
- Leia com afinco: grife, anote, questione, releia, repita.
- Confie na sua intuição, mas construa conclusões baseada em fatos e dados.

Conclusões resultantes da minha seleção de leitura

- Maternidade é construção social. O amor materno instintivo é comprovadamente um mito!
- Crianças são mais humanas do que santas. Ai das pessoas que têm filhos com o argumento de que amam a ingenuidade das crianças!
- Surpresas óbvias relacionadas a custos de vida para criação de filhos e dignidade na velhice podem ser evitadas com informação e realismo. Ignorar o aspecto financeiro é sinal de problema para o futuro!
- O crescimento populacional humano é um tema complexo que merece ser aprofundado por especialistas, mas é bem verdade que não podemos dissociá-lo dos desafios de sustentabilidade. Casais que não têm filhos pautados em argumentos de preocupação ambiental não estão "viajando na maionese".
- O que mantém um casal unido de forma satisfatória tem mais relação com respeito mútuo, capacidade de fazer acordos e concessões do que com a existência de filhos.
- Quem diminui o valor de uma pessoa sem estudos, sem filhos ou de qualquer outro modo "destoante" de si, está atestando sua própria ignorância.

Passo 4: *Confie na sincronicidade*

Acredito fortemente que movimentos intencionais ganham tração. Que basta começarmos algo com muita vontade e o universo nos presenteia com uma série de "coincidências" que vão reabastecendo-nos e apontando novos caminhos.

Por exemplo: minha querida amiga Flávia, mãe de dois, um belo dia deixou na portaria do meu prédio o livro *A maternidade e o encontro com a própria sombra* de Laura Gutman que já estava na minha lista de leitura. Era um livro que eu estava relutante em começar e que quase excluí da programação, mas que ela espontaneamente me emprestou e reforçou o quanto foi uma leitura importante para ela durante a gestação.

Comecei o livro na semana seguinte e, lendo-o, aprendi que há aspectos desconhecidos, negados e desafiadores da nossa personalidade que podem vir à tona durante a maternidade, mas que também podem proporcionar cura, aceitação e amadurecimento emocional.

Encontro com Maria Flor e Larissa Paes na Biblioteca Municipal de Uberlândia - 24/01/23. Dia em que escolhi o título do livro.

"MatternityOffice" com Larissa Paes e Caetano na mãedoteca - 25/05/23. Dia de muito aprendizado sobre o dia-a-dia das mães que trabalham.

Larissa Paes, outra amiga também mãe de dois, vivia compartilhando comigo vídeos sobre maternidade real e também suas próprias histórias de “minissurtos” na árdua missão de conciliar maternidade e trabalho. Encontramo-nos por acaso na brinquedoteca da Biblioteca Municipal. Enquanto jogávamos Memória com a Maria Flor –sua mais velha – Larissa abriu seu coração de uma forma muito emocionante para mim! Pouco depois, após termos falado por horas sobre renúncias, decidi o título do livro juntamente com ela.

Larissa também foi a pessoa que me apresentou ao conceito de “mãedoteca”, um espaço criado para que as mães possam deixar seus filhos enquanto vão a algum compromisso de última hora e não têm como levá-los ou deixá-los com algum cuidador.

Eu não fazia ideia do quanto é desafiador e comum ser deixada na mão por babás que cancelam em cima da hora ou, pior, deixar os filhos aos cuidados de mãe/sogra/tia/irmã/outra “boa alma” e ter que ouvir broncas inconvenientes, mas proferidas na “melhor das intenções”.

Como a vez em que uma amiga divorciada havia três anos finalmente saiu com um novo date, mas de hora em hora recebia mensagens da mãe com fotos e comentários sobre os netos até que, no motel, recebeu uma ligação: “E aí, você demora muito a voltar”? Ao me relatar esse episódio minha amiga acrescentou o desabafo “A melhor rede de apoio, Lalá, é a que a gente pode pagar. Amo que minha mãe me ajude com as crianças, mas odeio que ela faça isso comigo”.

Poderia seguir dando infinitos exemplos de situações e falas que foram verdadeiros presentes para minha jornada de imersão no universo da maternidade. Resumidamente, a grande lição que extraí e compartilho como um passo importante é que:

listar fontes iniciais de pesquisa e se dedicar a elas abre portais para que novas e melhores fontes de inspiração cheguem.

Tive um colega de trabalho meio bicho grilo que adorava dizer "joga para o universo". Apesar de não me considerar mística, tendo a concordar com ele de que os primeiros esforços do arremesso devem ser nossos, mas depois, confiando na sabedoria da vida que nos ultrapassa, o universo começa a conectar pontos que estavam encobertos aos nossos olhos.

Na Psicologia, o conceito de sincronicidade foi desenvolvido por Carl Gustav Jung, para definir acontecimentos que se relacionam por relação de significado e não por causalidade. Chamava-a de "coincidência significativa". Qual o mal em confiar nas gratas surpresas da vida?

Eu confiei na sincronicidade e sugiro que você confie também.

Ideias centrais

- Listar fontes iniciais de pesquisa e se dedicar a elas abre portais para que novas e melhores fontes de inspiração cheguem.
- Você pode ou não receber apoio de pessoas próximas, mas, acredite, o apoio virá de algum lugar!
- O mais difícil é começar, mas, com tempo e constância o movimento intencional ganha tração e vai se fortalecendo.
- Sincronicidade é conectar pontos, não é misticismo.

Passo 5:
Encare o contraste como pedagógico

Parece óbvio, mas eu ainda não tinha parado para refletir o quão diferente a parentalidade é experimentada por pais e mães. Gustavo estava me contando sobre um casal de amigos que havia recentemente se divorciado e mencionou como o pai costuma ir para a casa da avó quando está com a criança por não conseguir ficar muito tempo sozinho com ela.

Engatamos um assunto sobre cuidado, presença, disposição e rede de apoio. Logo outros dois amigos foram mencionados por ele como exemplos de boas referências. Curiosamente, homens de cuja esposas sou amiga e de quem, com frequência, escuto críticas e reclamações a respeito da maneira um tanto negligente como lidam com os filhos.

Eu não tenho dúvidas de que a maneira como o Gustavo exerceria a paternidade seria insatisfatória ao meu olhar. Assim como minhas amigas sentem sobre seus esposos. Isso não quer dizer que eles sejam más pessoas nem que cometam falhas gravíssimas, mas nós somos exigentes a tal ponto que o bom o bastante deles não é suficiente para nós em alguns aspectos. Somos inflexíveis para respostas como "daqui a pouco", "mais tarde", "outra hora" e tomamos logo a frente para fazer o que precisa ser feito e isto causa frustrações.

Tenho o costume de me deitar cerca de duas horas antes do Gustavo. Fico lendo e esperando o sono chegar. Às vezes, deixo a máquina de lavar funcionando e peço a ele que retire e pendure as roupas quando o ciclo acabar. Não são raras as vezes em que no dia seguinte me deparo com roupas amarrotadas dentro do tambor.

Às vezes, impaciente, penduro-as como estão, outras lavo-as novamente e eu mesma penduro quando o novo ciclo acaba. Costumava reclamar com ele sobre a falta de comprometimento em dividir tarefas domésticas, passei a não falar nada e ficar de bico, mas, ultimamente, tenho conseguido não falar nada e não emburrar. Entender que sua criação foi falha neste aspecto, sua mãe sempre se gabou e se gaba de "dar conta de tudo" e seu pai, assim como o meu, provavelmente nem sabe como se liga e se opera uma máquina de lavar.

O fato é que esta é a típica discussão inútil e pequena que a sabedoria tem-me ensinado a ignorar. Às vezes não é sobre ter razão nem exigir igualdade em tudo, afinal, ele contribui de diversas outras formas. No entanto, certa vez eu disse:

"— *Eu aposto que se um dia tivéssemos um filho e eu pedisse para você trocar a fralda, você seria capaz de deixar o cocô vazar antes de sair de frente da TV. Tem coisas que têm que ser feitas, Gustavo, não dá para esperar a vontade chegar*"!

Eu bem sei que insinuações fantasiosas não contribuem para a resolução de um conflito, mas nós dois sabemos que aquela não seria uma hipótese absurda.

Isso não é motivo suficiente para não ter um filho com ele. As inúmeras outras qualidades de caráter e dedicação compensariam esses "atrasos/esquecimentos". Minhas amigas queixosas também não estão evitando ter o segundo ou terceiro filho com os maridos relaxados que Gustavo tanto admira. Nem elas nem eu acreditamos ser possível encontrar o "pai ideal". Se você está esperando-o para ter filhos, desista!

Nos últimos anos, a quantidade de mulheres que recorrem à produção independente aponta para o colapso da velha crença de que ter um relacionamento estável ou um "pai potencial adequado" é pré-requisito para se gerar uma vida. Apesar da sobrecarga financeira e emocional dessa escolha solitária, mulheres com a certeza de que querem ser mães não estão abrindo mão de construir o seu destino desejado.

Certamente também não existe "mãe ideal". A comparação nos leva a classificações de bom e ruim, hábil e incompetente, participativo e negligente, rígido e omisso dentre outras. A imersão na multiplicidade, o acolhimento genuíno das diferenças, o olhar atento e o ouvido apurado têm revelado infinitas oportunidades de aprendizado ao meu redor. Na fila de supermercado, nos locais que frequento para escrever, nas viagens, nos passeios. Observo atentamente pais, mães, bebês, crianças, adolescentes, jovens adultos e idosos. Aprendo sob diferentes óticas.

Meu intuito migrou do julgamento para a observação de como estas vivências contrastam com minhas percepções. Eis a pedagogia do contraste: o contato com a diferença tem muito a nos ensinar, desde que não tentemos convertê-la, catequizá-la ou, melhor dizendo, subjugá-la ao nosso referencial do que seja "mais correto".

Pautada nessa intenção de acolher diferentes perspectivas –inclusive opostas – e desenvolver uma percepção mais abrangente, elenquei novas obras para leitura. Obras que falassem mais precisamente sobre paternidade e parentalidade não biológica, ou seja, maternidade marginal (madrasta) e adoção. Eis os livros escolhidos:

20. O papai é pop – Marco Piangers (2015)

21. Pai de menina – Marcos Mion (2022)

22. Como nascem os pais: Crônicas de um Pai Despreparado – Renato Kaufmann (2015)

23. Reflexos da paternidade: crônicas – Leonardo Cerbino Orofino (2020)

24. Madrasta é a mãe – Letícia Tomazella (2022)

25. Tornando-se pais: a adoção em todos os seus passos – Gina Khafif Levinzon (2014)

26. Vida de adotivo: a adoção do ponto de vista dos filhos – Alexandre Lucchese (2021)

No livro de Piangers experimentei uma leitura leve. Em tons de ironia, brincadeira e um tanto de sentimentalismo ele aborda algumas questões interessantes sob o olhar de um pai de duas filhas pequenas e saudáveis. No entanto, fiquei intrigada com este trecho:

"*Quando tiver filhos você entenderá seus pais. A gente só aprende a ser filho quando vira pai. E, dizem, só aprende a ser pai quando vira avô*" (p.33).

Ao mesmo tempo em que consigo compreender sua motivação por trás deste argumento, não vejo verdadeira lógica neste raciocínio regressivo. Também não acredito que a experimentação seja a única forma de aprendizado, afinal, não precisamos experimentar cocaína para sabermos que ela é nociva à saúde.

É mesmo necessário ter filhos para compreender nossos pais? Aliás, até que ponto precisamos compreendê-los ou basta aceitá-los, amá-los e honrá-los com respeito e gratidão pela vida que nos deram?

Outro ponto notável do livro de Piangers foi abordar o tabu do "favoritismo" (p.36). Tenho a impressão que mães se sentem culpadas com a possibilidade de reconhecer que, em diferentes momentos, amam os filhos com intensidade diferente e que, às vezes os odeiam.

Querem convencer a si mesmas de que amam igualmente e a todo tempo, de que amam incondicionalmente. Mas os filhos sentem quando estão sendo preteridos e, aparentemente, os pais lidam com esse fato com maior naturalidade que as mães.

Fiquei também refletindo sobre seu argumento de que pais são pessoas atrapalhadas porque não aprendem desde pequenos a brincar de boneca nem de casinha. Faz muito sentido. Ninguém nasce sabendo cuidar, mas se meninas vão socialmente aprendendo desde a infância a embalar suas bonecas, a brincar de dar comidinha e colocá-las para dormir, quando adultas será, sim, mais natural para elas do que para os rapazes. Eles irão, sim, ser pais atrapalhados, por mais que se esforcem para não sê-lo.

A quantas gerações repetimos essa doutrinação sutil? Se eu tivesse filhos, conseguiria educá-los de forma diferente?

Lembrei-me de dois episódios recentes e fofamente pedagógicos. O primeiro foi quando uma colega com bebê recém-nascido me contava dos banhos que o pai tomava com sua filha. Ela ia para bem longe porque se ficasse por perto sofria de imaginar o ouvidinho da menina inflamando por causa da água em excesso, dos olhos ardendo pelo uso do xampu errado, do possível tombo por causa dos rodopios no box do chuveiro.

Mas na sua sabedoria me disse em um delicioso sotaque baiano: "Minha filha precisa aprender a lutar. Ela que chore e que grite com o pai, se ele estiver a machucando, mesmo que sem querer. Eu não vou ficar defendendo ela e caçando briga com meu marido não"! Achei genial. Mulheres precisam deixar seus maridos atrapalhados serem pais presentes e suas crias frágeis aprenderem a se defender.

No livro Pai de Menina, de Marcos Mion, ele diz: "se tem algo que as mulheres fazem muitas vezes é desacreditar seus homens como pais! Amam falar que o pai não tem jeito com bebês, é atrapalhado e que entra em pânico só de pensar em ficar sozinho com a filha" (p.13). São dois autores dando o mesmo adjetivo para si e para outros pais: atrapalhados.

Talvez mães críticas e superprotetoras tenham meia culpa pelos pais no "formato" atual? Estou sendo injusta ao considerar essa possibilidade?

O segundo episódio do qual me lembrei ocorreu durante uma conversa franca regada a feijoada na última sexta-feira. Estávamos almoçando eu, minha amiga e seu esposo e os dois me contavam da noite anterior em que ele estava com tanto sono enquanto embalava o bebê deles, Caetano, que dormiu de olhos abertos e se assustou profundamente quando ela entrou no quarto. O bebê quase caiu de seus braços. Eles discutiram. Ambos estão exaustos.

Ele mais do que ela, mas reconhece que é pela falta de "couro grosso". Reconhece que ela consegue segurar mais as pontas do que ele. Achei tão bonita essa declaração sincera seguida de um carinho e uma troca de sorrisos acolhedores entre eles.

Ele não estava querendo justificar que ela era mais forte emocionalmente pela natureza feminina nem dizer que deveria, por isso, fazer mais do que ele – porque se não seria um conformismo machista – mas, pelo contrário, atestava o quanto as situações pelas quais ela passou desde a infância a tornaram mais resistente do que ele e, também, mais "romantizadora" da maternidade e da família.

Naquele momento, a conversa se aprofundava sobre a importância de reconhecer e de acolher as diferenças e limitações de cada um. Ser apoio e não juiz. Ser dupla e não rival. Eles estão encontrando o equilíbrio deles e aguardam ansiosa (ele) e pacientemente (ela) –sim são contraditórios! –pelo fim dessa fase de noites em claro.

Diferentemente da feijoada que tem seu sabor definido e marcante, a experiência de cuidar dos filhos é agridoce e, às vezes, amarga. Há quem não aprecie esta combinação simultânea de sabores.

E a rejeição, qual seria o seu sabor? Seria a fertilidade afetiva –termo que encontrei em um livro sobre adoção –um sorvete de chocolate com calda quentinha? Por que raios comecei a usar analogias culinárias? Porque todos temos fome de amor.

Para o amor nunca houve e nunca haverá regras. Nem garantias. Às vezes, é escancarado, disfarçado e, não raramente, só tem cara e cheiro, mas não é amor.

Ter um filho pode ser um ato de amor tanto quanto de egoísmo. Abortar ou colocar um filho para adoção pode ser um ato de amor – reconhecendo que não se tem as condições adequadas para criá-lo –tanto quanto de rejeição e irresponsabilidade. Escolher uma pessoa que não compartilha do nosso sangue para fazer parte da família pode ser amor, mas também recalque e falso altruísmo.

Steve Jobs, por exemplo, falava com gratidão sobre seus pais adotivos e sobre como eles o encorajaram a explorar seu potencial criativo. A renomada apresentadora de televisão Oprah Winfrey teve uma infância marcada por abusos físicos e sexuais, portanto, foi criada por sua avó materna e teve um relacionamento distante com sua mãe biológica, Vernita Lee. Os atores Bruno Gagliasso e Giovanna Ewbank escolheram as duas vias –gerar e adotar –mas foram alvos de críticas pela escolha de adoção transracial.

Somente quem adota e é adotado sabe no seu íntimo se a motivação real foi o amor. Eu prefiro acreditar que sim. Se um dia eu e minha família optarmos por adotar, será somente se for por amor.

Ideias centrais

- Não existem pais nem mães ideais.
- Aceite que a parentalidade será experimentada de forma diferente entre pais e mães.
- Casais, principalmente com filhos, precisam ser apoio e não juiz. Ser dupla e não rivais.
- O amor não é constante entre pais, mãe e filhos. Nem igualmente dividido entre irmãos. Pais reconhecem isto com mais naturalidade do que mães.
- Homens e mulheres são igualmente capazes de cuidar, mas mulheres ainda são mais doutrinadas para isso e mais culpabilizadas de modo geral.
- Não existe amor biológico e adotivo, existe amor. No entanto, a construção deste amor se dá de formas diferentes e é intimamente percebida.
- Abraçar o contraste como pedagógico te abrirá para conhecer diferentes perspectivas de forma acolhedora.
- Não busque enquadramento nos seus referenciais pré-existentes. Para o amor nunca houve e nunca haverá regras. Nem garantias.

Passo 6: *Reconheça a importância de ter ajuda especializada neste processo*

Meu primeiro contato com um consultório psicológico foi involuntário, aos oito anos, quando meus pais se separaram. Dez anos depois, tomei a iniciativa de procurar novamente auxílio especializado, quando estava bastante ansiosa pela escolha da minha futura profissão.

Durante a faculdade, logo que retornei do intercâmbio da França, recorri à terapia para conseguir morar sozinha e refletir sobre meu relacionamento com Gustavo. Quando tive depressão profunda, a terapia não bastou, precisei de medicação e de apoio psiquiátrico.

Quando conquistei uma posição desafiadora no trabalho, precisei de terapia para não me boicotar. E, mais recentemente, quando meus pais adoeceram simultaneamente e fui tomada pela necessidade de resolver pendências antigas com eles e com meu marido, voltei para a terapia.

Falar livremente e refletir sobre perguntas, às vezes, bastante incômodas se tornou, para mim, um mecanismo de autoconhecimento, de desenvolvimento pessoal e de firmeza de posicionamento diante dos desafios da vida.

Não obstante, reconheço que a terapia psicológica não cabe em todo bolso nem em todo momento da vida. Não é um processo rápido nem prazeroso. Exige ação e autorresponsabilidade, não é sessão de desabafo. Portanto, definitivamente, não é para todo mundo.

Nos intervalos entre uma psicóloga e outra, uma abordagem e outra –já fiz Psicanálise, Análise Transacional (AT), Constelação Familiar e Terapia Cognitivo-Comportamental (TCC) –a dança, a prática de exercícios, diversas viagens e a escrita de diários serviram para desanuviar minha mente e me reconectar comigo mesma.

Não tenho dúvidas de que atividades "mão na massa" também têm importante papel terapêutico. Como diziam os antigos, mente vazia é oficina do diabo.

Por outro lado, precisamos estar vigilantes contra distrações, fugas, excessos e apegos que escondem vazios. Nem tudo que nos ocupa nos preenche.

Estou rodeada de pessoas cegamente desequilibradas. Gente que limpa o exterior incansável e obsessivamente, mas guarda um coração imundo. Gente que não se reconhece alcóolatra, mas bebe todos os dias. Gente que trabalha dia, noite e madrugada e desaprendeu a apreciar a calmaria. Gente que compra sem precisar, não tem nem onde guardar e, pior, segue usando os itens antigos e guarda os novos em caixas dentro de armários.

Lamento muito que essas pessoas não se permitam encarar os seus vazios. Além do mal que causam a si, não imaginam o mal que causam às pessoas que com elas convivem. Fazer terapia é não só um ato de cura, mas de amor ao próximo.

Letícia Couto, minha atual psicóloga, apontou em uma de nossas sessões para uma possível necessidade excessiva de certeza e me apresentou uma reflexão sobre os 3 Cs inibidores da tomada de decisão extraídos do livro *Não acredite em tudo que você sente* do autor Robert L. Leahy:

OS TRÊS CS CONFUNDIDORES:

CLAREZA:

Ter a ideia de que precisa saber como "realmente se sente", como se isso fosse uma única coisa. Mas talvez a clareza seja entender que existem sentimentos mistos, clareza pode ser entender que não existe clareza permanente.

CONCLUSÃO:

Ter a ideia de que, se continuar ruminando sobre aquilo, então chegará a uma conclusão, um desfecho absoluto e que poderá dar o assunto por concluído. Mas a vida é como as ondas em uma praia, não tem conclusão final em um oceano sempre em movimento.

CERTEZA:

Ter a ideia de que a incerteza é o equivalente a um mau desfecho, rotular a incerteza como algo negativo. É difícil tolerar as dúvidas, mas o mundo é incerto e a verdade pode mudar com o tempo. As decisões devem ser tomadas com a aceitação de que não haverá certeza, tudo é um risco.

Sua provocação me levou a entender o quanto a busca excessiva por informações iria paralisar meu processo de decisão pela maternidade ou não maternidade. O quão importante seria definir um "bastante" e me conformar que a incerteza não seria um mau desfecho.

Qualquer decisão, ter ou não ter filhos, seria passível de arrependimento no futuro e que, apenas no futuro, eu teria que lidar com este arrependimento, mas não temê-lo.

No momento presente, bastava eu me decidir com base em uma quantidade suficiente de informações e também levar em conta minha intuição. Nem só de dados se faz uma escolha, principalmente, quando se trata de uma escolha que não apresenta exatidão científica.

Fui tomada por uma serenidade difícil de descrever. Uma serenidade fruto da renúncia à certeza, à clareza e à conclusão. E dessa renúncia, a confusão foi eliminada: não se pode ter tudo, resta-nos saber qual é o nosso "bastante" e partir de cabeça erguida quando o alcançamos.

Enquanto reflito sobre esse assunto, minha mente volta a um poderoso exemplo de liderança, coragem e humildade: Jacinda Ardern, a ex-Primeira-Ministra da Nova Zelândia. Aos 37 anos, ela se tornou a mulher mais jovem a liderar um governo e anunciou sua gravidez apenas três meses após assumir o cargo. O que mais me inspirou foi não apenas sua habilidade de conciliar a maternidade com a liderança do Estado durante seis anos, mas também seu discurso de encerramento desse ciclo.

Muitos questionaram sua decisão de renunciar ao cargo de Primeira-Ministra da Nova Zelândia, mas ela acreditava que, naquele momento, tinha outras prioridades e isso bastava para que a decisão fosse tomada.

"[...]Estou saindo, porque com um papel tão privilegiado, vem a responsabilidade – a responsabilidade de saber quando você é a pessoa certa para liderar e, também quando não é. Eu sei o que este trabalho exige e sei que não tenho mais o suficiente no tanque para honrá-lo. É simples assim.

Eu sei que haverá muita discussão, após esta decisão, sobre qual foi o chamado motivo "real". Posso dizer que o que eu estou compartilhando hoje é isto. O único ângulo interessante que vocês encontrarão é que depois de seis anos de grandes desafios, eu sou humana. [...] Não há próximos passos.

Tudo o que sei é que, faça o que fizer, tentarei encontrar maneiras de continuar trabalhando para a Nova Zelândia. E que estou ansiosa por passar um tempo com minha família novamente. Sem dúvida, eles são os que mais se sacrificaram de todos nós. E então, para Neve, mamãe está ansiosa para estar presente quando você começar a escola este ano. E, para Clarke, vamos finalmente nos casar.

De minha parte, quero terminar com um simples agradecimento aos neozelandeses, por me darem esta oportunidade de servir e de assumir o que sempre foi o maior papel da minha vida. Espero em troca deixar a crença de que você pode ser gentil, mas forte. Empático, mas decidido. Otimista, mas focado. De que você pode ser o seu tipo de líder –aquele que sabe que é hora de partir".

Para Gustavo, fazer terapia é uma barreira, mas concordamos que ela precisava ser superada. Sem ajuda especializada ele não conseguiria aprofundar suas reflexões sobre paternidade, sobre si e sobre nosso relacionamento.

Quando, no passado, fizemos terapia de casal, ele demonstrou interesse inicial, mas foi atrasando, esquecendo, faltando às sessões até que abandonamos o processo a dois. Desta vez, fui taxativa: eu não admitiria enfrentar esse processo sozinha.

Em janeiro ele se comprometeu a começar terapia em junho. Dois dias antes do meio do ano estávamos almoçando quando perguntei:

E aí, algum projeto especial no seu radar do mês que vem?

Uai, fora as férias do mestre de obras, nada demais previsto.

Ri do seu pragmatismo e, gentilmente, lembrei-o do que tínhamos combinado. Ele me lançou um olhar doce, mas um pouco reticente. Gustavo sabia que, para mim, era importante honrar sua palavra ainda que lhe custasse um pouco de desconforto.

Ocorreu-me adicionar um novo C aos inibidores de tomada de decisão apresentados por Letícia: o consenso. Em decisões que afetam mais de uma pessoa existe, a meu ver, um fator que também pode inibir a resolução: a busca por unanimidade, por concordância absoluta.

Talvez lá atrás, ainda sem ter refletido sobre esses pontos, eu tenha sugerido a possibilidade de um caminho "alternativo" para nós porque, no meu íntimo, já pressentia que a falta de consenso sobre filhos poderia demandar outro tipo de consenso: sobre o futuro da nossa relação.

Ter ajuda especializada foi o passo mais audacioso desta jornada. Caso contrário, facilmente recairíamos sobre mais um C, o do conformismo.

Ideias centrais

- Terapia psicológica não cabe em todo bolso nem em todo momento da vida. Não é um processo rápido nem prazeroso. Exige ação e auto responsabilidade, não é sessão de desabafo. Portanto, definitivamente, não é para todo mundo.
- Atividades "mão na massa" -escrita, esportes, culinária, costura, artesanato, jardinagem etc. -também têm importante papel terapêutico para nos acalmar, ordenar pensamentos e enxergar soluções criativas.
- Reconheça distrações e fugas. Excessos e apegos escondem vazios.
- Os 3 Cs inibidores da tomada de decisão conforme Robert L. Leahy: clareza, conclusão, certeza.
- O 4º C sugerido por mim para decisões que impactam diretamente mais de uma pessoa: consenso
- Saiba o seu "bastante" e tome uma decisão.
- Qualquer decisão, ter ou não ter filhos, será passível de arrependimento no futuro e, apenas no futuro, teremos que lidar com este arrependimento, mas não teme-lo.
- O conformismo é melhor combatido com ajuda especializada. Nossa tendência é permanecer na zona de conforto.

Passo 7: *Estrategicamente minimize os riscos de esquecimento e esfriamento*

Na vida precisamos ser estratégicos! Em uma noite de espetinho e conversa fiada com minha prima, Mariana, estávamos filosofando sobre as diferenças sutis entre falsidade e adaptação para sobrevivência. Concordamos que a primeira busca sustentar uma mentira, a última usa verdades convenientes a nosso favor.

Quando em uma entrevista de emprego o recrutador pergunta qual seu salário atual e você responde com um fato: de acordo com o *Glassdoor*[35] a média salarial para esta função é x, portanto essa é minha pretensão salarial. Quando uma colega que acertou no penteado, mas exagerou na maquiagem te pergunta se está bonita e você elogia aquilo que realmente gostou: seu cabelo está maravilhoso!

Pessoas falsas teriam mentido, pessoas ingenuamente francas teriam prejudicado a si ou aos seus relacionamentos, mas pessoas estratégicas respondem com o que cabe ser dito e não necessariamente o que foi perguntado.

Gustavo é muito estratégico neste quesito e me ensinou a superar meus ímpetos de "sincericídio". Eu achava que falar o que pensava ou responder com franqueza era autenticidade, mas passei a ser mais estratégica nas minhas interações, inclusive, com ele.

Quando combinamos o prazo e plano de ação individual para o nosso projeto de reflexão sobre ter ou não filhos, eu sabia que Gustavo deixaria aquele trato esfriar, sobretudo no que se referia a fazer terapia a partir de junho. Quando combinamos também a quantidade de exercícios físicos que cada um praticaria, sabia que Gustavo estava sendo excessivamente otimista quando disse 4x/semana (210x/ano) em um contexto em que estava totalmente sedentário.

Quando combinamos de dar uma guinada na nossa forma de trabalhar, sabia que Gustavo teria dificuldade de priorizar seu projeto de transformação digital da empresa por uma série de obstáculos internos e externos.

35 Glassdoor é um site americano onde funcionários atuais e antigos avaliam empresas anonimamente. Acessível em: https://www.glassdoor.com.br

Se eu não fosse estratégica, aquela conversa no carro a caminho de Juquehy teria virado pó. Por isso, quando ele me perguntou se eu tinha gostado do conjunto de planos que tínhamos elaborado juntos respondi criando um grupo no WhatsApp para nós dois e nomeei-o "Metas 2023".

Coloquei na descrição todos os tópicos que tínhamos combinado sobre os três pilares do ano bem como as palavras chave que resumiam cada um: SAÚDE (Constância), TRABALHO (Eficiência), FAMÍLIA (Filhos/Não filhos). Essa simples ação estava dizendo: "Gostei tanto que não quero que vire esquecimento!"

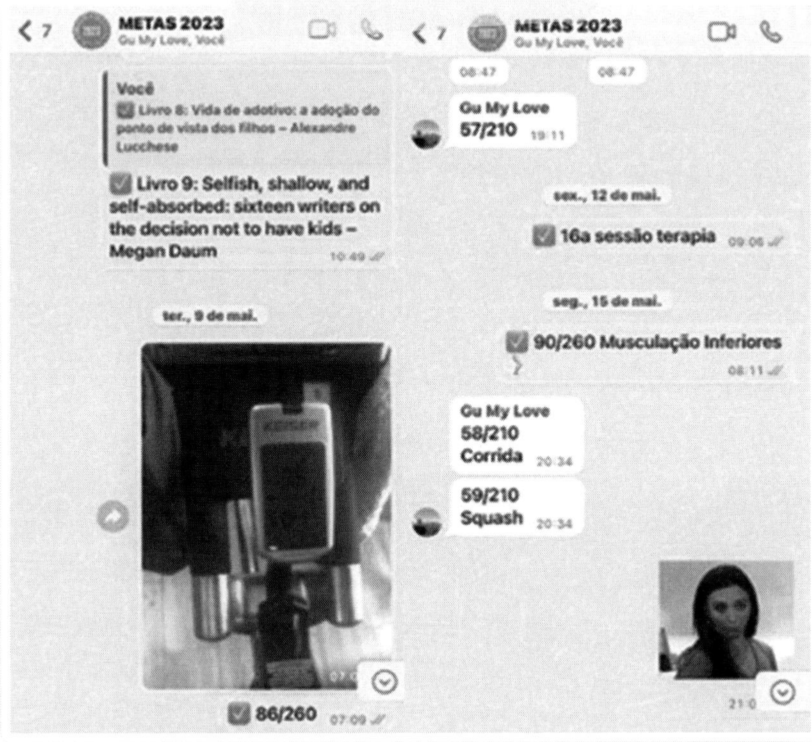

A cada ida à academia, piscina, parque etc. eu tirava uma foto e registrava o número relacionado à minha meta de atividade física que era de 5x/semana, ou 260x/ano. 1/260 Musculação. 2/260 Corrida. 3/260 *Spinning*. 4/260 Natação e, assim, sucessivamente.

A cada livro lido, mandava foto da capa ou anotava o título. A cada sessão de terapia às sextas-feiras, mandava uma mensagem no grupo. Eu não dei ao Gustavo o luxo de esquecer. Mandava figurinhas motivacionais, vibrava quando ele também retribuía com fotos e marcações. O projeto ganhou vida à medida que as pequenas partes de cada dia foram se somando.

É muito comum paralisarmos diante de algo grande, mas, por algum motivo, sempre encarei o "boi" como dezenas de "bifes". Tenho facilidade para fragmentar, traçar metas, indicadores de desempenho, me automotivar, setorizar minha semana conforme o foco de cada dia. Gosto muito desse aspecto da minha personalidade, mas reconheço que, às vezes, isso me torna intolerante na convivência com pessoas mais fluidas em seus planejamentos ou até com quem não tem planejamentos tão detalhados.

Recentemente, comecei a trazer mais humor para minhas listas de atividades. Eu mesma estava me sentindo cansada de ser tão friamente mandada por mim mesma. Diariamente alarmes tocavam: acordar, tomar pré-treino, academia, banho, café da manhã, escrever, almoçar.... Agora os alarmes são assim:

- ✓ **5:20** BoOoooOm dia lindeza! Bora lá tomar creatina e pré-treino
- ✓ **5:40** Olha pro céu e agradece. Deus te deu mais uma oportunidade!
- ✓ **6:00** Remada. Costinhas sexy pra arrasar no decote!
- ✓ **6:15** Aula de *spinning*. Mínimo 22km. Certeza que consegue melhorar seu FTP!
- ✓ **7:40** Bora pra ducha endorfinada
- ✓ **8:15** Café da manhã delícia. Pode comer sem culpa!
- ✓ **8:40** Tomar ômega 3. Xô Alzheimer, inflamação e *mood deprê*
- ✓ **9:00** Escrever livro. Tá ficando lindoOoOo e a mulherada vai ficar louca pra ler!
- ✓ **12:30** Almoço colorido. Deixe a nutri orgulhosa!
- ✓ E assim por diante até a hora de deitar quando as 21h15 toca: Vai descansar, gatinha!

Com algumas variações conforme os dias da semana e adaptações quando não consigo dormir cedo ou surgem imprevistos. Rigidez? Obsessão? Loucura? Talvez. Dane-se, me faz bem e torna meus dias bastantes produtivos!

E como disse Sabrina, minha nutricionista: Se até o crime é organizado, porque você não vai ser? Lógico que ela estava falando sobre organizar as refeições saudáveis –deixar frutas lavadas e picadas na geladeira, organizar marmitas no final de semana etc. –mas por que não extrapolar para tudo que é importante para mim?

Tenho dias e horários pré-estabelecidos para muitas atividades "banais". Trocar roupas de cama, toalhas, ir ao salão, dentista, analisar e rebalancear meus investimentos, lavar carro, abastecer e calibrar pneus, visitar parentes... Só o sexo que *ainda* não marco na agenda, pois gostamos da espontaneidade, mas se com o tempo for preciso, vai ter alarme de "Hora de colocar a ppk pra jogo!"

Quando se trata de convites e demandas externas, recuso ou redireciono para que não interfiram nas minhas prioridades.

Bora tomar um cafezinho quinta-feira às 16h?

Ainda que eu esteja teoricamente livre da agenda comercial por não estar empregada, sei que devo dar foco à escrita do livro durante meu dia, então respondo.

Não consigo amiga, mas um espetinho a partir das 18h30 eu super animo. Você pode?

Tenho plena consciência de que um filho adicionaria inúmeros outros compromissos ao meu dia. Adicionaria um nível de imprevisibilidade e de necessidade de replanejamento que eu vagamente posso imaginar.

Uma vez estávamos falando sobre algo relacionado a disciplina e minha mãe zombou dizendo que eu iria tentar ser uma mãe que falava para o bebê "Não é hora de trocar a fralda, pode segurar esse cocô" e, na sequência, lembrou de que quando eu era pequena, sempre sentia vontade de ir ao banheiro no caminho da aula de natação quando já estava sem fraldinha.

A maternidade iria me mudar radicalmente nesse aspecto. Eu não tenho dúvidas! Eu não acho que isso seria um problema, afinal, eu não nasci com alarmes. Adotei essa estratégia de lembretes, simplesmente porque minha memória é fraca e todo perfeccionista tem tendência a procrastinação, portanto é uma forma de me manter focada.

Minha professora de *Spinning*, Amanda, adora falar no começo de todas as aulas da madrugada em que os alunos estão em estado zumbi –meio dormindo, meio acordados –e não respondem à altura do seu carismático "bom dia!": *Se não estão animados, só vamos!*

E com uma piscadela e um *Let's boraAaaAaaa* dá o play em uma sequência de músicas que levantam qualquer defunto. Naquele momento, sua estratégia é manter o alto astral.

Você conhece e valoriza suas estratégias, querida leitora? O que te faz não esquecer e não deixar seus planos esfriarem? O que você fará para, não só refletir sobre a maternidade, mas ter um plano de ação concreto e cumpri-lo até o fim?

Ideias centrais

- Entenda qual é o máximo de projetos que você consegue rodar simultaneamente sem perder na qualidade de dedicação.
- Fragmente o que parece grande demais e vá por partes.
- Defina estratégias sem julgá-las. O importante é que funcionem!
- Não as compartilhe com todo mundo, só precisa fazer sentido para você e para quem mais estiver diretamente envolvido no seu plano de ação.
- Se não tem dia e hora para acontecer, pode cair no esquecimento. Não se boicote: anote, agende e leve estes compromissos tão a sério quanto uma reunião de trabalho.
- Materialize seu plano. Seja no papel, no computador ou em um aplicativo. Mas, é importante que ele esteja visível diariamente.
- Busque uma parceria motivacional, mas seja você, sempre, sua maior motivadora!

Passo 8: *Priorize seus valores e seja radicalmente honesta*

Meu pai estava ansioso para receber alta do hospital Beneficência Portuguesa pós-transplante de medula. As datas iam mudando à medida que novos exames iam sendo feitos e infecções resistentes detectadas.

Preferi não comprar passagem aérea e ter a flexibilidade do automóvel. Se ele fosse receber alta no dia seguinte, bastaria que eu pegasse as chaves e fosse encontrá-lo. Malas prontas no canto do quarto esperavam sua ligação.

Já perdi as contas de quantas vezes fui de carro para Guarujá passando por São Paulo. O trecho até a capital paulista não era uma estrada ruim nem perigosa. Não havia curvas excessivas nem se apresentavam desafios de direção. Mas em dezesseis anos de habilitação eu nunca tinha sido a motorista, nem em pequenos trechos do percurso para revezar com minha mãe, meu avô ou meu marido.

Quando decidi meu meio de transporte ouvi comentários que, discretamente, questionavam minha decisão. "Tem chovido muito, não seria melhor o Gustavo te levar"? "São muitos caminhões, porque você não vai de avião"? "Lá é tão difícil de estacionar, se fosse eu preferia ir sem carro e pegar Uber quando precisasse sair". Contornei com sorrisos e "hum-huns".

Aprendi a usar falsas concordâncias em momentos oportunos. Afinal, por mais que achassem que eu não devesse (ou conseguisse?) ir sozinha, ninguém iria se jogar na frente do carro para me impedir. Essa lucidez sobre o que vale ou não argumentar é libertadora!

Para minha surpresa, minha avó paterna disse: "Tem que dirigir mesmo, parar de bobagem de medo se não fica igual eu, dependendo dos outros para me levar nos lugares". Ela tentou tirar carteira de motorista depois da morte do meu avô Agenor, mas nunca concluiu.

Acho que o que a paralisou não foi o medo de dirigir, foi dar demasiada importância a julgamentos alheios e imprevistos de percurso – vagas difíceis de estacionar, pequenas barbeiragens ou pneus furados. Quão limitante pode ser enxergar pontos finais em vírgulas.

No dia 27 de fevereiro de 2023, acordei cedo, tomei café da manhã com Gustavo e agradeci novamente por ele ter-se oferecido a me levar. Seria muito ruim querer companhia e não tê-la. Fazer algo sozinha por falta de opção. Não era o meu caso.

Eu sentia o conforto de saber que poderia contar com ele, caso pedisse para me levar, mas o desejo de dar conta sozinha de algo que eu ainda não tinha feito era mais importante naquele momento. Era como se eu estivesse inconscientemente querendo "aquecer os motores" para o que eu poderia enfrentar, cuidando do meu pai.

E assim eu saí rumo à BR050 com o porta malas cheio de remédios, fraldas geriátricas, micropores, máscaras, luvas, produtos de limpeza e mantimentos. No banco da frente, um friozinho gostoso na barriga. Daqueles que não amedrontam, apenas precedem uma autossuperação.

Foi uma viagem suave. Instalei-me no Air B&B que já estava alugado. Fiz compras de itens refrigerados e de alguns pedidos especiais que ele fizera por mensagem: Coca Cola, guaraná, fubá de milho e pão de queijo. Mesmo sem muito apetite, ele estava com desejos decorrentes da privação.

Comecei a pensar em coisas em que não pensara antes. Torcia intimamente para dar conta de fazer refeições saborosas, ainda que cozinhar não fosse meu forte.

No dia seguinte, iniciei uma faxina surreal. O apartamento estava limpo, mas como o sistema imunológico dele estaria zerado, reforcei os cuidados. Até contratei uma empresa de limpeza de estofados e cortinas para eliminar riscos de contato com mofos e ácaros.

Entre esfregadas checava o celular aguardando a previsão de alta. Finalmente meu pai me pediu para chegar no hospital às 17h e estar preparada para passar a noite lá, pois o último exame apontava para uma infecção e sua alta poderia ser novamente adiada.

Cruzei com minha madrasta na catraca do hospital. Ela saindo após 36 dias internada com ele na ala de isolamento e eu entrando. Recebi a notícia de que a alta tinha, afinal, dado certo. Iriam prescrever um remédio que ele poderia tomar de casa. Ela disparou para o aeroporto a fim de não perder o voo para Uberlândia e eu me apressei rumo à torre II 5.º andar, área de pacientes de TMO – transplante de medula óssea. Trocamos mensagem às 17:21.

Já estou na porta esperando enfermeira autorizar.
OK
Você não dorme mais em hospital papitoooooo.
BORAAAA BORAAAAA
Booooooora

Cerca de 40 minutos depois, ele apontou no corredor acompanhado de dois enfermeiros. Não podíamos abraçar-nos. Ele se virou e falou que eu podia encostar nas costas dele. Choramos juntos de alivio. Fazia exatamente 6 meses que ele tinha recebido o diagnóstico da doença e, finalmente, a parte mais crítica do tratamento estava finalizada.

Foi uma típica cena de filme que passava em câmera lenta. Aquele momento foi tão esperado por ele e ali eu representava uma dezena de pessoas que queriam estar lá para comemorar esta importante etapa vencida. Tentei gravar um vídeo dele para mandar para meus irmãos e avó, mas ele não olhava mais para trás.

— *Vamos logo minha filha. Quero ir para casa.*

Ainda que não fossemos realmente para sua casa, entendi o que ele quis dizer. O ambiente hospitalar é hostil para pacientes de longa permanência. *Beeps* e barulhos contínuos. Agulhadas e aferições de pressão interrompem o sono. Refeições sem muito tempero e em momentos de ausência de apetite. Falta de contato com pessoas queridas. Ele queria sua própria rotina.

Assim que nos instalamos, meu pai pediu para comermos algo leve e irmos deitar. Já na minha cama, ouvi barulho no quarto ao lado. Eu estava chorando e suspeitei que ele também estivesse. Levantei, bati na porta e confirmei ao abri-la. Ele enxugou os olhos, soltou um sorrisão e deu um soquinho no ar.

— *Acho que a gente tem que chorar mesmo, filha, é bom demais estar aqui!*

Não sei explicar por que estava tão emotiva. Meu pai nunca foi o meu herói. Nossa relação era repleta de desencontros. Por algum motivo, sentia que aquele homem era digno do meu melhor cuidado como filha. Mas a verdade é que eu mal podia imaginar o quanto **eu** seria impactada por esse processo de cuidado dele.

Os primeiros dois dias foram de intensas adaptações. Organizar os horários dos remédios, preparar refeições, manter a limpeza impecável, preparar curativo para o banho, garantir que sua pele estava hidratada e protegida do sol para evitar um processo de rejeição ao transplante, ouvir as histórias de desabafo, configurar a televisão para futebol e motivá-lo a fazer exercícios leves de recuperação muscular. Eu estava indo deitar exausta, física e mentalmente.

Na segunda noite, preparei uma receita de fraldinha bem saborosa com tomates, cebolas e muitas especiarias. Deixei a panela de pressão no fogo e avisei meu pai que sairia para uma rápida ida ao mercado. Mas em São Paulo o trânsito e as filas são imprevisíveis.

Quando entrei no apartamento e senti um forte cheiro de queimado e a panela apitando entrei em pânico. Olhei no relógio e já tinha atrasado uma hora e meia da sua última medicação.

Desliguei o fogo e comecei a chorar copiosamente. Suada, cansada e me sentindo um fracasso. Fui até meu pai chorando e disse que não daria conta. Ele me chamou de perfeccionista e disse para eu me acalmar, que não era para tanto.

— Pai, eu poderia ter explodido uma panela com o senhor sozinho aqui! Onde eu estava com a cabeça de sair assim?

Tudo se acertou. O atraso na medicação não era grave. A carne não foi de todo perdida. O banho quente me relaxou. Mas com a cabeça no travesseiro e as pernas suspensas para aliviar o latejar de cansaço por ter zanzado o dia inteiro para lá e para cá entendi, de forma inédita, o quão pesada é a consciência de quem cuida.

Eu nunca havia-me sentido tão responsável pelo bem-estar de alguém. Logo pensei que poderia estar tendo uma pequena degustação do que as mães de recém-nascidos passam nos primeiros dias após o parto. A sensação sufocante de que um erro pode ser fatal. A falta de tolerância aos imprevistos, porque os impactos podem ser maiores do que se afetassem somente a nós mesmas.

Sentir na pele essa experiência me embalou em pensamentos profundos sobre como eu lido com minhas falhas e tropeços. Sobre como cuidar de um ser tão vulnerável como um bebê seria penoso para meu estilo de personalidade.

Ainda que, com o tempo, o peso se fosse aliviando, desejaria eu viver a maternidade de um bebê? Preferiria eu viver a maternidade de uma criança já minimamente independente e optar pela adoção?

Estaria eu disposta a cuidar de alguém nas diferentes fases que contemplam o desenvolvimento de um filho até a fase adulta? Sendo radicalmente honesta, a resposta para todas essas perguntas naquele momento seria um sonoro "não"!

Já passados alguns meses dessa experiência eu ainda me emociono quando revejo fotos deste momento.

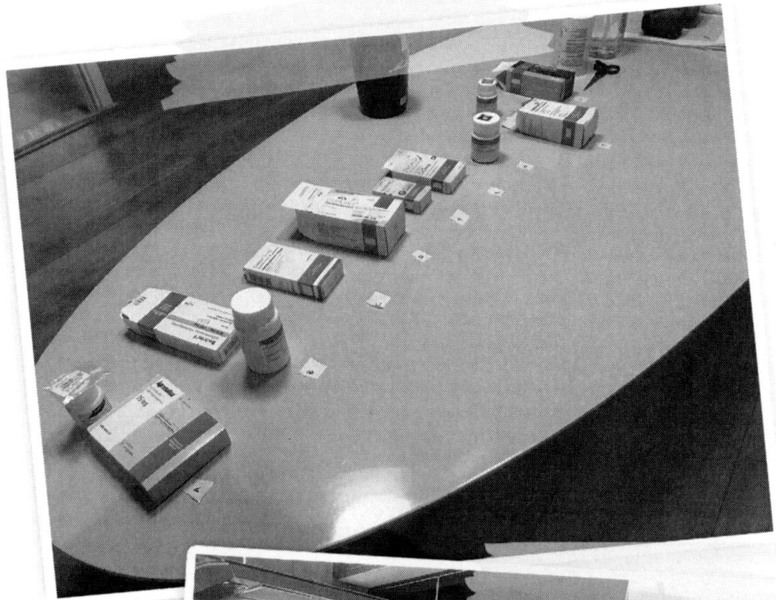

Em muitos momentos, eu me frustrei não só comigo, mas também com meu pai. Afeto e humildade não são o seu forte e, por mais que ele não seja grosseiro, às vezes me sentia uma mera empregada ao seu dispor. Ainda assim, faria tudo de novo.

Tivemos conversas maravilhosas, vimos filmes juntos, praticamos exercício físico, fizemos massagem e escalda-pés ouvindo meditação, rimos, choramos e nos aproximamos.

Sem que eu pudesse prever, essas semanas em São Paulo me fizerem entrar em contato profundo com meus valores. Eu seguia fazendo terapia on-line às sextas-feiras e estava lendo o livro *Vale a pena ter filhos!*. Entrei em contato com os conceitos de família "parede de tijolos", "água viva" e "espinha dorsal" propostos pela autora Barbara Coloroso. Foi o livro em que fiz a maior quantidade de anotações.

A autora aborda diferentes maneiras de lidar com cada fase da criação de filhos e suas possíveis consequências. Comenta sobre amamentação, introdução alimentar, desfralde, birra, limites, rivalidade entre irmãos, educação financeira e sexual, desvios de caráter, uso de drogas dentre tantos outros temas pertinentes para pessoas que pensam em criar e educar com dignidade. Barbara examina a diferença entre incentivo e recompensa, disciplina e castigo, influência e controle.

Sem sombra de dúvida, foi a leitura mais exaustiva da minha lista, mas, quando a finalizei, pude escrever uma honesta constatação: Considerando o que estou vivendo com meu pai e tudo que li neste livro, suponho que, se eu for mãe, não serão as atividades de cuidado que mais vão me exaurir, mas o excesso de "carga emocional".

Educar exige vigilância e devoção. É muito mais do que cuidar! Exige um esforço mental constante, interminável, invisível e, por vezes, inconciliável com o esforço emocional para cuidarmos de nós próprias. Por isso é tão comum mães dizerem que o amor pelos filhos dói.

Quem não é perfeccionista como eu pode achar minha conclusão um exagero, minhas falas uma demonstração de fragilidade excessiva ou de despreparo diante de adversidades.

Entretanto, para mim, uma luz se acendeu: eu sinto sinceramente que esse tipo de experiência, apesar de transformadora, será excessivamente pesada para o meu bem-estar psicológico. E não, eu não sou nenhuma monstra por pensar em mim!

Períodos curtos de cuidado são suportáveis. Já anos de cuidado, de disponibilidade e de preocupação me causariam muita angústia e eu não sei se estaria disposta a suportar, por melhor que sejam a recompensa, a sensação de orgulho ou de dever cumprido.

Eu fui radicalmente honesta comigo mesma. Seja também! Isso não é fraqueza, é coragem.

Ideias centrais

- Dedicar ao cuidado exaustivo de alguém não só serve à pessoa necessitada, mas nos ensina tremendamente sobre nossos valores, necessidades e limites.
- A mente de um cuidador NUNCA desliga!
- Maternar não tem prazo de validade e o desconforto do autoabandono pode durar muitos anos. Seja realista, não se iluda. É um preço que você banca pagar?
- Por mais sincera que seja a gratidão, o reconhecimento pode ser aquém do esperado. Não se amargue com a decepção.
- Educar exige vigilância e devoção. É muito mais do que cuidar!
- Valores não podem ser forçados.
- Sejamos radicalmente honestas. Isso não é fraqueza, é coragem!

Passo 9: *Assuma quem você realmente é*

Na sacada do apartamento de São Paulo, eu tomava um chá de erva cidreira com mel para espantar o frio de um dia cinzento. Fechei os olhos por um minuto e me vi num quarto escuro de mãos dadas com Gustavo. Na outra mão cada um segurava uma vela. Caminhávamos para a mesma direção, no entanto, olhando para diferentes lados.

Juntos, porém cada um iluminando aquilo que queria ver e/ou convidando o outro para ver também. Muitos móveis e obstáculos para serem contornados à medida que os enxergávamos, muitas janelas cujas cortinas podiam ser escancaradas caso quiséssemos.

Se o desejo de direção de um de nós mudasse, poderíamos soltar as mãos e seguir caminhando rumo ao próximo cômodo, porém sem perder a nossa luz própria, sem ter medo do escuro e, sobretudo, sem parar de caminhar.

Não conseguia me ver dizendo ou ouvindo: *Pare, não sabemos o que está mais adiante, então vamos ficar por aqui até termos certeza". "Não vá pela direita, o correto é ir pela esquerda.* Abri os olhos e sorri ao visualizar a grandeza daquela imagem que, despretensiosamente, havia-se formado na minha mente e me revelava outro importante valor pessoal: autossuficiência.

Para mim, figurativamente, iluminar meu próprio caminho era mais importante do que ter companhia na caminhada. Igualmente, ter ao meu lado uma pessoa que ilumina o próprio caminho era mais importante do que ser indispensável a ele. Autossuficiência não é egoísmo, antes pelo contrário.

Lembrei-me de um estudo científico conduzido pela Oxford University[36] entre 2009 e 2019 sobre a média de tempo gasto ao longo da vida consigo e com terceiros –familiares, amigos, parceria, filhos e colegas de trabalho.

36 Fonte: https://ourworldindata.org/grapher/time-spent- with-relationships-by-age-us

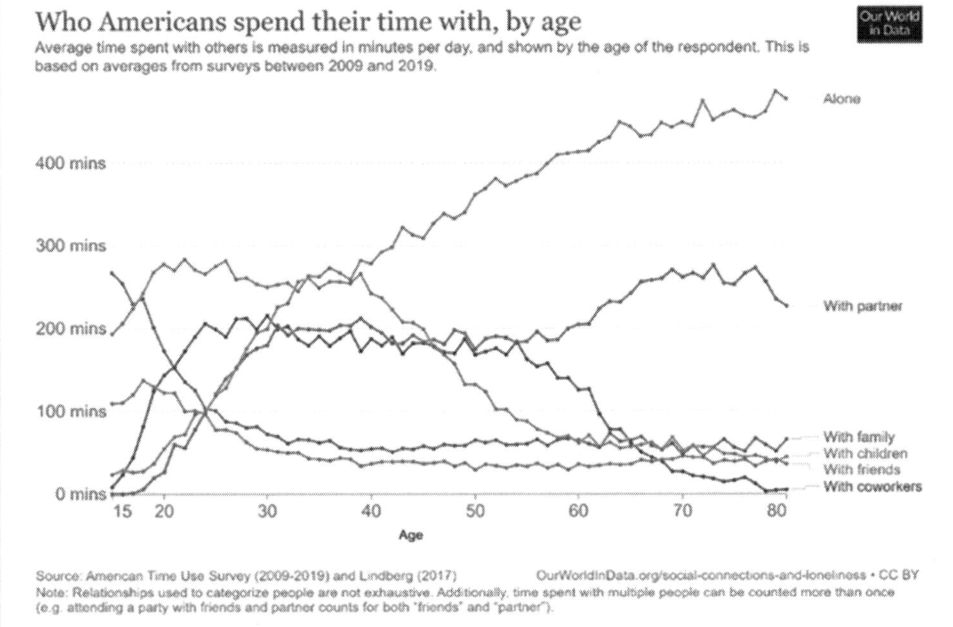

Obviamente, o maior tempo de vida é gasto conosco *(alone)*. A solitude aumenta com os anos independente de casamento, dos vínculos sociais, dos filhos e da atividade profissional. Sim, nossa consciência é e será nossa inseparável companhia. Que não seja punitiva, amarga, descontente e, sobretudo, que não seja hipócrita.

Recentemente lutei contra minha própria hipocrisia, e, felizmente, venci. Era aniversário dos filhos do irmão mais velho do Gustavo.

Escolhemos presentes educativos, embrulhamos juntos e, algumas horas antes da festa, sugeri levarmos o Gabriel, filho de três anos do meu primo Arthur. No passado, já levei meus outros afilhados para aproveitarem as festas dos filhos das minhas amigas. Afinal, é uma oportunidade para eles brincarem, comerem bobagens e darem uma folga para os pais.

Gustavo recusou a ideia e sugeriu que fizéssemos uma outra programação com o pequeno, pois lá com tantas crianças e estímulos ele demandaria muita atenção. Passei a mão no seu rosto, parei na bochecha e olhando bem nos seus olhos perguntei:

— *Gustavo, você tem certeza de que quer ter filhos?*
— Ele afastou o rosto e falou: *Não é isso Lá, é que ele é especial.*
— *E se você tiver um filho especial, Gu?*

Ele virou para a televisão e não me respondeu. Fico muito chateada quando ele se esquiva de situações e diálogos importantes para nós. Pelo menos, dessa vez, ele não levantou e saiu andando nem tentou dissimular. Apenas não me respondeu.

Não insisti. Fui para o quarto, coloquei uma roupa de ginástica e resolvi sair para praticar algum exercício. Pensei em ligar para a mãe da criança e convidar mesmo assim.

Depois pensei que poderia ser melhor falar primeiro com a minha madrinha, avó do Gabriel, e perguntar se ela achava que eu conseguiria cuidar dele sozinha, se levá-lo para um aniversário seria uma boa ideia. Mas antes de completar a chamada percebi que, sinceramente, minha insistência não era pensando na diversão da criança. Guardei o telefone.

A verdade é que eu estava pensando no aprendizado que aquela experiência me proporcionaria, na imagem de "boa madrinha" que eu causaria nos parentes do Gustavo e, sobretudo, estava querendo provar para meu marido que ele não é tão paciente assim com crianças como tanta gente insiste que ele é.

Dessa vez, optei por não atuar, não tentar provar nada para ninguém. Respeitei o desconforto dele sem confrontá-lo com argumentos ou alfinetadas. Reconheci que eu própria tenho inseguranças quanto a cuidar de uma criança autista.

Recusei-me a usar o Gabriel como pretexto para outras finalidades. Quando retornei para casa, suja apenas pelo suor e não pela hipocrisia, fizemos amor no chuveiro e a água lavou duas almas leais a si e entre si.

Eu e Gustavo já mudamos muito juntos. Mudamos um ao outro, mudamos pelas nossas escolhas individuais e pelo gosto por experiências que nos proporcionam crescimento pessoal. Não ambicionamos estabilidade, mas acabamos por tê-la por consequência.

É como se, juntos, fôssemos uma bicicleta, nosso equilíbrio está no movimento. Portanto, a única coisa que eu espero que nunca mude é a nossa capacidade individual de nos reinventarmos e de não estagnarmos. Somos orgulhosamente moldáveis, abertos e curiosos. Confesso, que para mim, não há combinação mais *sexy* do que ser simultaneamente confiável e imprevisível.

Ideias centrais

- Autossuficiência não é egoísmo.
- Há pessoas que se bastam e buscam pessoas que igualmente se bastam para caminharem lado a lado.
- Pessoas que contribuem para nossa evolução não ficam tentando nos lembrar o tempo todo quem somos nem do que gostamos. Elas nos incentivam a mudar e acolhem as nossas novas versões. Só não muda quem já morreu!
- Ninguém está isento da hipocrisia, da covardia, e tantos outros comportamentos "não nobres". Melhor confronta-los do que nega-los.
- A solitude aumenta com os anos independente de casamento, de vínculos sociais, de filhos e de atividade profissional.
- Nossa consciência é e será nossa inseparável companhia.
- Não seja uma farsante, assuma quem você realmente é!

Passo 10: *Comunique ao mundo, mas não tente convencer ninguém a concordar com sua decisão*

Apesar de heterossexual, ouso dizer que recentemente experimentei o gostinho da "saída do armário". Sei que, atualmente, este termo soa estranho, mas, para mim, e para pessoas da minha geração ainda faz sentido e, por isso, escolhi mantê-lo.

Entendo-o como uma sensação mista de medo e de alívio, que ocorre no momento de uma confissão pública sobre sermos diferentes daquilo que era esperado de nós, mas que não é errado, não é sujo e, apesar de poder ser um pouco decepcionante para quem ouve e tem uma visão de mundo conservadora, é extremamente libertador para quem declara.

Há o medo da rejeição, mas o desejo de não se esconder é mais forte. Havia uma vozinha interior que tentou me aconselhar:

Guarde para você, basta que você se conheça, se aceite e viva sua vida, não é preciso verbalizar e criar uma situação desconfortável para quem pensa diferente.

Vão tentar te convencer a mudar de ideia, para que se expor a isso?

E se você mudar de ideia, afinal, é tudo tão recente?

Para que se posicionar de determinada forma se você é uma pessoa fluida e pode querer voltar atrás?

Essa voz sábia estava coberta de razão. Verbalizar poderia criar-me alguns problemas. Na verdade, já estava criando. Gustavo começava a se queixar de que estava se sentindo pressionado a falar muito sobre o assunto, que não precisava de tanto. Mas eu precisava.

Quanto mais eu lia, falava e escrevia sobre a maternidade, mais clara minha mente ficava, mais sereno meu coração batia, mais a minha imagem no espelho refletia um rosto iluminado pela segurança de me reconhecer como a mulher que eu era e da qual não estava disposta a abrir mão: uma mulher sem o desejo de ter filhos.

Gays não escolhem ser gays. *Gays* se descobrem *gays* à medida que sentem atração por pessoas do mesmo sexo. Daí eles decidem: vou assumir o meu desejo e me relacionar de forma autêntica com pessoas do mesmo sexo ou vou me reprimir e seguir com uma vida de fachada para ser socialmente aceito em um mundo heteronormativo?

Tudo passou a fazer mais sentido quando entendi que nunca se tratou de uma escolha, mas de autoconhecimento, reconhecimento, aceitação e, por fim, decisão.

No livro *Maternidade: Um romance*, Sheila Heti atravessa uma jornada de três anos de angústia e de investigação sobre seu desejo de ser mãe e seu relacionamento com Miles. Dos 37 aos 40 anos, ela escreveu trechos do livro que, em alguns momentos pareciam desconexos, mas para mim fizeram muito sentido, pois demonstraram a não linearidade desta jornada.

Comentários de amigas mães, de familiares e até de desconhecidos a abalavam por anos. Abalam você, querida leitora? Para mim, estão perdendo as forças. Importando menos à medida que eu aceito minha "condição" e decido não a negar.

Véspera do dia das mães de 2023, compareci ao aniversário de três anos da Maria Elisa, a caçula da minha amiga de adolescência, Fabiana.

Uma das irmãs da Fabi me cumprimentou segurando o filho mais novo no colo e emitiu a típica pergunta que recebo em festas infantis:

— *E aí, vocês não animaram ainda a ter filhos?*

Dessa vez, respondi com um largo sorriso:

— *Não teremos, mas o seu está uma gracinha*

E acariciei o seu bebê. Ela então desabafou o quanto estava cansada, pois havia quase um ano não tinha uma noite de sono ininterrupta.

Gustavo ouvia calado. Seguimos comendo cachorro quente e deliciosos salgadinhos servidos na mesa e passamos a falar sobre viagens. Ele comentou sobre a mudança de horário das nossas passagens para o Ushuaia em agosto, perguntou se estava mesmo confirmado o casamento da Alessia na Itália em julho do ano seguinte e lançou a possibilidade de viajarmos para Austrália em 2025, país que há tempos sonhamos em conhecer.

Animada com o calendário agitado, pontuei sutilmente que tantos planos de viagens se tornariam incompatíveis com a realidade de filhos pequenos, caso tivéssemos optado por engravidar. Ele novamente ficou sem falar por alguns minutos. Pensou entre alguns goles de cerveja e respondeu:

— *Na minha viagem de moto vi vários casais viajando com filhos pequenos. Os franceses são os mais animados. Vi um casal com três filhos bem pequenininhos na estação de ski.*

Nós comunicamos ao mundo. Eu, a minha falta de desejo de ter filhos. Ele, o desejo de ter uma família que viaja com os filhos. Pouco depois, um amigo se juntou à nossa mesa e à medida que aprofundamos, a conversa compartilhou comigo que o irmão estava arredio desde que assumira ser *gay*. Que não participava mais de encontros nem de viagens familiares.

Como bem salienta Brené Brown: *O contrário de pertencer é se encaixar. O pertencimento não requer que você mude. Ele requer que você seja quem você é.*

É provável que o irmão do meu amigo tenha se cansado de conviver em ambientes aos quais não pertencia. Ambientes de pessoas que constantemente o cobravam se moldar: *tudo bem ser gay, mas nada de levar o namorado; tudo bem ser gay, mas não precisa falar "desse jeito".*

Consigo compreendê-lo. Estou começando a me cansar também: *tudo bem não querer filhos, mas não precisa falar que foi por escolha; tudo bem não ter tantas despesas com filhos, mas não precisa ficar viajando tanto.*

Ah, Chico César[37], quão sábios são seus versos que rogam a Deus proteção da maldade de gente boa! Gente que nos fere "por amor" e que nos "aceita", mas sempre com ressalvas. Existe uma expressão em inglês para este tipo de aceitação meia boca: NIMBY *not in my backyard.* É o famoso "não tenho preconceito, mas não desejo isso para minha família".

No domingo, encontramo-nos com nossas mães e familiares. Entre abraços, comidas, conversas e brincadeiras com os afilhados ouvi da minha concunhada que Fernando, irmão mais novo de Gustavo, estava treinando com Alissa –ambos brincavam incansavelmente de pique-pega, jogo da memória e tantos outros. Eles também estavam comunicando ao mundo do seu desejo de engravidar em breve.

Precisamos comunicar. Precisamos ser honestas. Precisamos ter coragem de verdadeiramente nos conhecer e bancar as nossas decisões. Quando temos dúvida, precisamos perguntar se estamos entendendo bem ou sendo entendidas corretamente. A falta de posicionamento para determinados assuntos gera desgaste, insegurança e frustração.

É bem verdade que carecemos de tempo para alcançarmos determinadas conclusões importantes, mas quem compartilha da vida conosco merece ser comunicado quando, enfim, chegamos a uma resposta que os/as afeta direta ou indiretamente.

O silêncio prolongado também é resposta, mas é uma resposta covarde. Ser omisso é não amar o suficiente, é privar o outro de segurança e respeito. Enquanto comunicar é construir pontes e iluminar

37 Letra da música "Deus Me Proteja" de Chico César disponível em: https://www.letras.mus.br/chico-cesar/1281067/

caminhos –que poderão ser trilhados juntos ou individualmente –não comunicar é castigar o outro com a escuridão. Eu não sei viver como os morcegos que se locomovem apenas com próprio som que bate e rebate em superfícies rígidas.

Ao longo de muitos anos e, principalmente, nos últimos meses, tenho notado o quanto a autenticidade tem ganhado importância em minha vida. No âmbito da comunicação, passei a entender que a autenticidade não existe nos monólogos, nem nos discursos exibicionistas ou nas manias de comparação.

No meu círculo íntimo, aprecio a comunicação com perguntas, com trocas, com a boca, com os olhos e com os ouvidos. O interesse sincero na conquista compartilhada, os aconselhamentos respeitosos quando solicitados, as broncas assertivas quando necessárias.

Nenhuma pressa em fazer de colegas amigas nem constrangimento no contrário. Ouvidos e olhares atentos não desprezam sabedorias sutis, pois eles as veem como escancaradas. O tempo apura nossos sentidos e as nossas atitudes são a comunicação mais sincera.

Lembro-me que, por volta dos vinte anos, pensava em tatuar imagens de dança, frases bíblicas e tantos outros símbolos que faziam sentido para mim naquela época. Cheguei a contatar um tatuador de Brasília que dominava a técnica de aquarela, mas, afinal, nunca encontrava algo que profundamente entendesse como definitivo e que quisesse pintar em mim.

Hoje, se fosse tatuar meu corpo, eu me apropriaria de uma afirmação na página 229 do livro Arriscando a Própria Pele:

"A coragem é a única virtude que não se pode fingir"
(Nassim Taleb, 2018).

Fico alguns minutos olhando para a tela do computador e relendo esta frase. Decido fazer uma pequena pausa. Lembro que ontem fomos em um aniversário e Gustavo trouxe uma marmitinha de bolo de chocolate e deixou na geladeira. Faço um café, saboreio os dois e me permito ser abraçada por este momento. Sinto que não há mais nada a escrever sobre o presente.

Iniciei a parte 2 deste livro declarando minha busca por harmonia diante das diferenças e ainda sem uma decisão. Disse, lá no início, que não queria ser convencida por quem tem/quer ter filhos de que eu preciso deles para minha vida fazer sentido. Disse também que, enquanto refletia criticamente sobre a maternidade, também não estava tentando convencer essas pessoas do contrário. Disse que aprenderia mais sobre maternidades e não maternidades para convencer apenas a mim mesma sobre qual seria a minha decisão.

Finalizo, então, a parte 2 –Presente –imaginando-me na companhia de José Saramago. Enquanto ele também dá um gole em seu café diz para mim

—*Aprendi a não tentar convencer ninguém. O trabalho de convencer é uma falta de respeito, é uma tentativa de colonização do outro*" ao que respondo:

"*Sim, estou completamente de acordo. Basta que nos convençamos.*

Entendi o sabor de abraço que pairava no ar naquele momento. Existe algo de poderoso em afetos singelos. Há grandeza na simplicidade assim como há lucidez na fantasia imaginativa. A decisão sincera tomada após uma jornada corajosa de autoconhecimento é poética. Um brinde a todo esse entendimento!

Ideias centrais

- "Sair do armário" é experimentar a sensação mista de medo e alívio que ocorre no momento de uma confissão pública sobre sermos diferentes daquilo que era esperado de nós, mas que não é errado, não é sujo e, apesar de poder ser um pouco decepcionante para quem ouve e tem uma visão de mundo conservadora, é extremamente libertador para quem declara.

- A jornada de decisão sobre ter ou não filhos não é linear.
- Quanto mais você assume quem você é e comunica ao mundo, mais blindada você fica contra julgamentos e imposições de mudança.
- "O contrário de pertencer é se encaixar. O pertencimento não requer que você mude. Ele requer que você seja quem você é". ***Brené Brown***
- Você entende que ao comunicar ao mundo uma "condição diferente da norma" não está tentando mudar o outro nem dando a ele espaço para muda-la, mas está sim abrindo a oportunidade para o diálogo e isto é um ato de coragem!
- Decisões importantes demandam tempo, mas quem compartilha da vida conosco merece ser comunicado quando, enfim, chegamos a uma resposta que lhes afeta direta ou indiretamente.
- O silêncio prolongado também é resposta, mas é uma resposta covarde. Ser omisso é não amar o suficiente, é privar o outro de segurança e respeito. Enquanto comunicar é construir pontes e iluminar caminhos, não comunicar é castigar o outro com a escuridão.
- "A coragem é a única virtude que não se pode fingir". Nassim Taleb.
- Celebre –com bolo, café, vinho ou qualquer ato simbólico –sua decisão tomada após uma jornada corajosa de autoconhecimento. Se quiser me imaginar neste momento com você não te julgarei louca. Há algo de lucidez na fantasia imaginativa.

PARTE 3

FUTURO

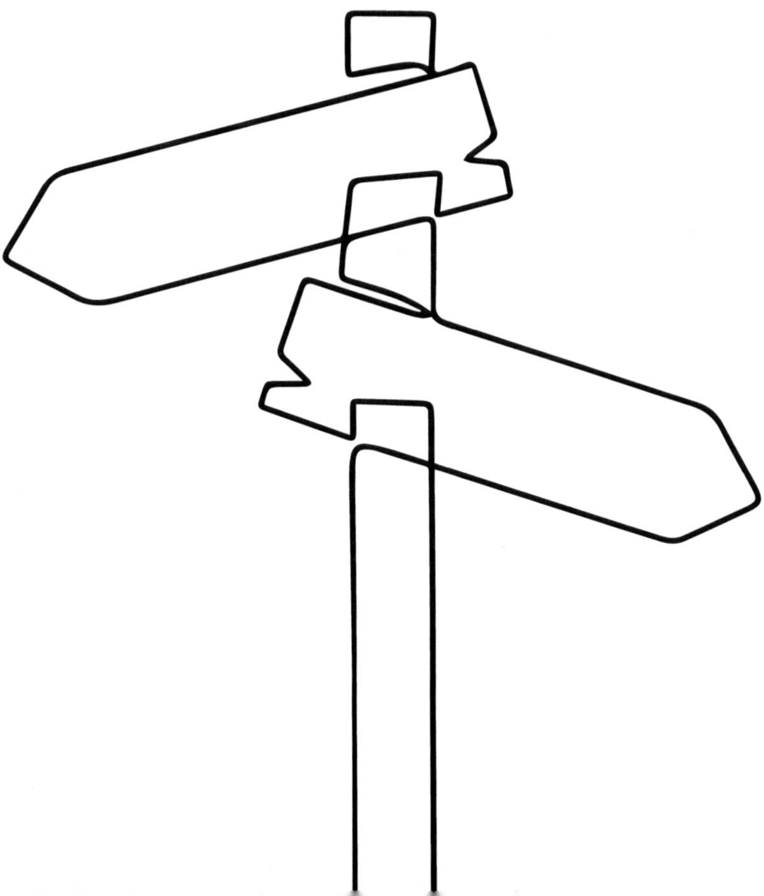

N
W
E
S

CAPÍTULO 11
VELHICE: MEDO DE MORRER OU DE NÃO TER VIVIDO?

DEPOIS DE PASSAR DOIS MESES EM TRATAMENTO DE QUIMIOTERAPIA, minha mãe tomou a decisão de interromper o processo. Os efeitos colaterais dos medicamentos tornaram-se insuportáveis e a presença de linfoma revelou a alta probabilidade (85%) de que o câncer se manifestasse em outro órgão fazendo-a questionar se valia a pena continuar.

Aparentemente, fui a última a saber, mas isso não me surpreendeu. Possivelmente, minha mãe pressentia que eu não aceitaria sua decisão sem questioná-la, portanto, optou por conversar com minha avó, tio, tia, irmão, sogra, padrasto e pastor antes de mim.

Era domingo e desde quarta-feira eu buscava notícias da consulta à qual ela insistiu em ir sozinha. Diante de telefonemas e mensagens sem retorno, eu e Gustavo fomos à sua casa com um bolo de banana e a desculpa de compartilhar um café.

Meu irmão estava na sala com *headfones* jogando com amigos virtuais. Ainda me surpreendo com o gosto de marmanjos por videogames. Minha mãe abriu a porta com um sorriso amarelo, nos acomodou na bancada da cozinha e, em poucos minutos, desabafou. Segundo ela, escolhera viver com qualidade.

Loerdi, meu padrasto, surgiu na sala e abraçou sua cintura. Meu irmão seguiu jogando, afinal, depois fui descobrir que já sabia desta decisão e tentara –sem sucesso–convencê-la a seguir o protocolo médico indicado de, pelo menos, mais dois ciclos de quimioterapia.

Gustavo começou a dizer algo, mas hesitou e, em vez disso, mexeu em seu café. Eu segui o ritmo da conversa e reforcei o apoio ao que ela desejava ouvir:

— *Só você sabe o que está passando, e a decisão realmente cabe a você!"*

O ambiente ficou mais leve. Continuamos discutindo o assunto por um tempo e, em seguida, mudamos de tópico. Se dizem que o pior cego é aquele que não quer ver e o pior surdo é aquele que não quer ouvir, eu escolhi ficar muda.

Na verdade, eu desejava ter discutido mais sobre o assunto. Queria entender o que a levou a evitar o tratamento, como nos sentíamos ao ouvir que ela não o seguiria e se havia um meio-termo entre o egoísmo de querer que ela continuasse e seus próprios limites.

No entanto, mantive essas perguntas não respondidas para mim mesma. Isso pode parecer contraditório em relação ao que mencionei no capítulo anterior sobre a importância do diálogo. Mas veja isso como uma escolha sensata: quando a outra pessoa não está disposta a dialogar, é melhor optar pelo silêncio, sem medo de parecer negligente ou omissa. É uma questão de respeitar o tempo necessário para que a pessoa processe seus sentimentos sobre um assunto delicado. Quando minha mãe estiver pronta para retomar a conversa, estarei aberta para me expressar também.

Levei dois dias para mandar uma nova mensagem e convidá-la para um almoço com meu irmão. Coincidentemente, dia 2 de fevereiro de 2023: dia do transplante de medula do meu pai.

Estávamos no restaurante Outback. Recebi um vídeo da minha madrasta registrando o momento do transplante. Pedi que déssemos as mãos e fizéssemos uma oração. Em seguida, brindei com meu irmão e enviamos a foto ao meu pai. Minha mãe demonstrou incômodo. Consegui compreender. Mas, ainda assim, me permiti comemorar. Não esconder minha alegria pela escolha do meu pai de seguir em tratamento.

Meu irmão, Matheus, e eu brindando o transplante de medula do nosso pai no Outback no momento exato em que ele estava sendo feito. Quanta gratidão!
01/02/2023

Brinde no "Chá das primas". Um encontro delicioso com mulheres de diferentes gerações da minha família. Quanto aprendizado!
09/02/2023

Cerca de uma semana depois, fui convidada para participar de um "Chá das primas", um encontro mensal organizado pelas mulheres idosas da família para reunir as ainda mais idosas. Antes, já havia recebido convites, mas nunca pude comparecer devido ao trabalho. Desta vez, aceitei o convite.

As 80+ muito bem arrumadas, afinal, as saídas de casa vão ficando mais raras com o passar dos anos e aquele era o evento do mês. As 60+ servindo as mães com muito carinho e paciência, mas não tardou para começarem as reclamações entre si sobre o quanto "essa idade dá trabalho".

— *Sua mãe já está com cuidadora? A minha não aceita.*

— *Mamãe caiu noite passada, não conseguiu se levantar e acabou fazendo xixi na roupa. De novo.*

— *Não aguento esse cheiro no meu carro.*

— *Eu instalei câmeras com microfone pela casa toda, assim consigo dar umas broncas nela quando está fazendo arte.*

Ouvia atentamente. Imaginava se minha mãe ia chegar a me dar esse tipo de "trabalho" ou se partiria antes que eu pudesse organizar um "Chá das primas".

Eu era a única 30+ presente. Três gerações de primas, tias, avós, comadres e agora eu de neta. Homens não participavam, porque o assunto rende mais quando eles não estão presentes, mas também porque a maioria já era viúva.

Conheci Leda Márcia, uma senhora de 62 que, em alguns dias, partiria para um intercâmbio em Lyon na França. Casada, professora aposentada e mãe de duas filhas –descobri que estudei com uma delas no colegial sem saber que éramos parentes. O mundo é pequeno. Ela contou que adora Caraíva, na Bahia, e visita a região anualmente, que faz cursos de idioma e passa temporadas sozinha vivendo com famílias locais pelo mundo para praticar a língua e vivenciar a cultura. Imaginei o quantos seria gratificante ser Leda Márcia nos meus 60+.

Após três horas agradáveis de conversa, comida e bebida, despedi-me de todas e parti para casa, refletindo seriamente sobre a possibilidade de participar do próximo encontro. O contato intergeracional é uma fonte incrível de aprendizado, e eu estava começando a perceber que me sentia um pouco distante dessas mulheres da minha família. Talvez eu até levasse minha afilhada ao próximo encontro. Seria interessante ter uma geração de 10+ participando desse grupo.

Na semana seguinte ao "Chá das primas" meu pai foi internado na UTI. Estava estacionando o carro e recebi um novo vídeo da minha madrasta com um texto explicativo sobre a persistente infecção que ele vinha combatendo desde o transplante.

Desabei em lágrimas. Soluçava e pedia fervorosamente a Deus para que tudo terminasse logo. Doeu ver meu pai novamente conectado a tantos fios, cabecinha careca, corpo inchado, boca pálida, fala lenta.

Apesar de não acreditar mais em sacrifícios ou acordos com Deus, fiz uma promessa: não tomaria mais café até que ele saísse do hospital. Minha estranha oração incluiu gratidão por ele estar recebendo cuidados, aceitação de que esse desafio era exclusivamente dele e reconhecimento de sua força. No entanto, clamei de todo o coração para que seu sofrimento fosse encurtado, pelo bem dele, de Hégena e de todos que o amavam.

Pensei na minha mãe e compreendi um pouco melhor sua decisão sobre encerrar o tratamento. Todo aquele desgaste pelo qual meu pai estava passando valia mesmo a pena? Mandei uma mensagem a ela expressando minha tristeza ao saber que meu pai estava na UTI. No meio da tarde ela me ligou e fui duramente censurada.

— *Você não pode estar triste, minha filha, onde está a sua fé? O que a Bíblia diz? Ainda bem que seu pai está na UTI, imagina que pior seria se ele não tivesse recursos!*

Desejei que eles trocassem de lugar. Em seguida, entendi que aquele era o conforto torto que ela conseguia me oferecer naquele momento. Talvez estivesse sofrendo também. Possivelmente estava brava com meu pai por não ter seguido os mesmos passos dela e evitado todo aquele sofrimento aos filhos.

Que maneira estranha que temos de lidar com a dor! Para alguns, o medo maior é o do sofrimento, enquanto para outros, é a morte. Neste aspecto me assemelho mais à minha mãe. Apesar da complexidade da nossa relação, compartilhamos esse medo. No entanto, talvez haja uma sutil diferença: o que mais me aflige não é o sofrimento em si, mas a falta de vida nos últimos anos, enquanto a morte não chega.

Não existem relacionamentos sem dor. Não existem profissões sem dor. Não existem maternidades sem dor, e até mesmo as não maternidades têm suas próprias dores. Não existem envelhecimentos sem dor. No entanto, é possível que todos esses aspectos da vida sejam vividos sem vida, sem significado ou, pior ainda, com o amargo sabor do arrependimento.

A grande questão, para mim, é que, para todo arrependimento, existem alternativas viáveis, exceto quando se trata da maternidade. Se um relacionamento não vai bem, existe a possibilidade de ruptura e, às vezes, de novo recomeço. Ainda que haja dor, há alternativas.

Se uma profissão foi mal escolhida no passado ou não faz mais sentido, existe a possibilidade de transição de carreira, mudança de empresa ou empreendedorismo. Ainda que haja medo e dor, há alternativas. Se as dores da velhice são insuportáveis, há alternativas em alguns países[38]. Mas, para mulheres responsáveis, o único caminho sem volta é o da maternidade. Uma vez que se é mãe nunca mais se deixa de ser. Até quando se perde um filho – física ou emocionalmente. Até quando abandonam ou são abandonadas, não deixam de ser mães.

Dois meses se passaram entre os parágrafos acima e o que estou escrevendo agora. O período turbulento de tratamento e incertezas sobre a saúde dos meus pais parece ter ficado para trás. Minha mãe se matriculou em aula de dança, musculação e está esbanjando planos

38 Não acho oportuno, neste livro, aprofundar-me na temática de eutanásia, por ser um tema bastante sensível a várias pessoas e não ter o foco principal da discussão proposta. Mas é inegável que, em alguns países do mundo, e escolha pelo encerramento digno da vida é uma escolha legal desde 1946, portanto, é, sim, uma alternativa possível ainda que não aceita pela maioria.
Fonte: https://www.portaldoenvelhecimento.com.br/holanda-debate-comprimido-letal-a-maiores-de-70-anos-cansados-de-viver/

para o futuro. Meu pai segue se recuperando lenta e progressivamente, há semanas não temos mais sustos. Há chances de que ele retorne para sua casa em breve.

Há, no entanto, um novo fantasma que assombra minha mente desde que me entendi como uma mulher que não deseja ter filhos: quem vai cuidar de mim? Participo de um segundo "Chá das primas" e volto a pensar na velhice.

A mais velha das tias, com 91 anos e muito lúcida, compartilhou que seu enfermeiro e cuidador a estava dopando em segredo e tentando roubá-la. A descoberta tinha partido de uma das filhas que estranhou o modo como a mãe estava falando e chamou um médico que diagnosticou o uso de sedativos. Senti um frio na espinha ao pensar na possibilidade de cair em mãos erradas na velhice e não ter filhos para me proteger.

Ter filhos me livraria de ser abandonada? Quem são as pessoas que cuidaram e cuidam dos idosos na minha família? Quem poderia cuidar de mim e do Gustavo, quando não conseguirmos mais cuidar um do outro?

Refleti por uns minutos – convido-a a fazer isso também. Consegui recordar-me de pessoas engajadas e omissas tanto do passado quanto do presente. Pessoas, ou melhor, mulheres que cuidaram e cuidam de pais/mães, sogros/sogras e tios/tias idosos.

Constatei o óbvio: o cuidado não se dá exclusivamente de filhas para pais/mães. Cativando minha irmã, sobrinhas, esposas dos sobrinhos, primas e filhas de primas, tenho chances reais de ser amparada com afeto na velhice.

Não nutro a expectativa de ser cuidada por homens. Pode acontecer, mas não vejo muitos exemplos concretos. Ainda convivo com uma geração de homens que preferem delegar ou "delargar" funções de cuidado para suas irmãs e esposas. Ligam ou visitam uma vez por semana e dão-se por satisfeitos.

Outra pessoa verifica se tem comida vencida na geladeira, se tem exames a serem feitos, remédios a serem tomados, roupas a serem lavadas ou substituídas. Outra pessoa para conscientizar e pacientemente incentivar a transição da roupa íntima para a fralda, assim como ocorreu o contrário lá atrás. Outra pessoa que convida para almoços, lanches e até viagens para espairecer. Outra pessoa que conversa, escuta e repete quantas vezes for preciso. Outra mulher.

A jurista Nancy Andrighi diz que "amar é uma faculdade, mas, cuidar é um dever". No Direito de Família, existe o conceito de abandono afetivo inverso definido como "a inação de afeto ou, mais precisamente, a não permanência do cuidar, dos filhos para com os genitores, de regra idosos". O abandono dos pais por parte dos filhos é uma realidade triste, mas inegável.

Prefiro acreditar que o antídoto para o abandono seja o afeto e a retidão de caráter, não a genética. Recuso-me a ter filhos apenas para fugir do medo da velhice solitária.

Recuso-me a acovardar diante do destino inevitável aos vivos: a velhice seguida de morte. Renuncio à falsa certeza de cuidado que os pais nutrem em relação aos filhos.

Falsa, pois os filhos podem não conseguir ou nem mesmo querer cuidar dos pais. Falsa, porque os filhos podem partir antes dos pais. Uma estimada antiga professora de francês, Marie Louise, vivenciou os dois. Teve um filho que faleceu quando jovem e uma desavença com o outro que resultou no rompimento de contato entre ambos. Ele vive na França e ela no Brasil. Hoje a visito esporadicamente em uma casa de repouso. Seu ex-marido brasileiro é seu principal cuidador.

Gustavo tem uma tia que perdeu a filha em um acidente. Minha madrasta tem uma irmã que enterrou a filha bebê em um caixão do tamanho de uma caixinha de sapatos. Minha irmã tem uma amiga que também perdeu a filha recém-nascida.

Minha mãe tem uma amiga que perdeu filho, nora e neto em um acidente de carro em que ela própria dirigia. A vizinha da minha avó e um colega de trabalho do meu pai perderam o filho por suicídio. Posso continuar infinitamente com exemplos próximos a mim, ou ainda, recorrer a estatísticas alarmantes sobre mortes prematuras de bebês, de crianças e de jovens.

Em essência, o ponto que estou tentando provar é o de que estamos rodeadas de tragédias, de injustiças e de incertezas. Por isso, acredito ser tão importante pautarmos nossas escolhas em nossos valores, pois somente eles nos acompanharão até o fim, seja lá qual fim tenhamos.

Ter filhos para garantir cuidado na velhice pode ser considerado egoísmo? Eu acredito que sim, se os pais se tornarem omissos às próprias reponsabilidades pelo seu futuro. Almejar cuidado é diferente de exigi-lo.

Acredito também que exista uma diferença entre desistência e renúncia. Vejo claramente que desistir de algo bom é fraqueza. Renunciar a algo ruim, por outro lado, é sabedoria. Precisamos reconhecer que, no fundo, há elementos de ambas quando abrimos mão de algo, pois nada é integralmente bom ou ruim.

Por exemplo, quando minha mãe decidiu que não seguiria com seu tratamento até o fim para ter mais qualidade de vida, vejo que fraquejou diante dos efeitos colaterais que teria que enfrentar. Vejo também que foi bastante lúcida em ponderar a probabilidade de reincidência daquele câncer, sua idade um tanto avançada e os efeitos irreversíveis pós tratamento.

Ela conversou com pessoas que anos após receberem a mesma quimioterapia que havia sido prescrita para ela seguiam sentindo efeitos negativos no sistema nervoso. Formigamento, falta de sensibilidade no tato, extremidades (pés e mãos) repuxando involuntariamente, tremores, incontinência urinária, ressecamento da mucosa e muita fraqueza.

Sem entrar no mérito da concordância/discordância, faria igual/diferente, escolho simplesmente enxergar que foi um ato predominante de renúncia à má qualidade de vida e não de desistência diante da vida.

Nas idas ao Hospital do Câncer, vi alguns pacientes com câncer de pulmão que mal pisavam fora do hospital e já acendiam um cigarro. Tinham acabado de receber medicação, como podiam imediatamente colocar para dentro o veneno que os estava colocando naquela condição? Assistia atônita. Quem não os visse fumando poderia considerá-los "fortes" e "lutadores", por estarem tomando a medicação e seguindo o tratamento. Mas eles próprios sabiam: o vício era mais forte que a quimioterapia.

Talvez o vício da minha mãe fosse por viver com qualidade. Posso estar romantizando tudo isso, para não querer enxergá-la como uma desistente. Julgue como preferir, só não se esqueça que, para algumas crenças, morrer é descanso e reencontro com o Criador. A partir da fé que minha mãe professa, consigo respeitar a sua escolha. E vejo que, sinceramente, ela está mais feliz com a decisão tomada.

Quando escrevi este trecho, pensei em aparecer de surpresa na sua aula de dança e registrar algumas fotos alegres para inserir aqui –já que ela tem falado tão bem deste novo *hobby* –mas, quando vasculhei seu Instagram, encontrei uma postagem emblemática do seu aniversário de 60 anos, que foi celebrado antes de ela iniciar as quimioterapias.

Com base na legenda que ela redigiu e nas lembranças desse dia, posso supor – com risco de estar equivocada, é claro – o seu pedido quando assoprou as velinhas: "Senhor, poupe-me do sofrimento e abrevie toda tristeza, pois sei que para mim o viver é Cristo e o morrer é lucro"!

Assim como minha mãe, eu não temo a morte.

Tenho inseguranças quanto à velhice, não vou negar, mas sigo confiante nos laços afetivos que tenho cativado e na minha parcela de responsabilidade pelo meu futuro. Por isso zelo da minha saúde física, emocional e financeira. Não tenho garantias, mas tento não dar sorte ao azar.

O que eu sempre temi foi o desperdício: de tempo, de dinheiro e de oportunidades. Não sei ao certo quando passei a balizar minha forma de viver por esse crivo, mas consigo lembrar uma passagem bíblica que me marcou ainda bem jovem e continua me influenciando apesar de mudanças de percurso em termos religiosos:

"Vi todas as obras que se fazem debaixo do sol, e eis que tudo é vaidade e correr atrás do vento" (Eclesiastes 1:14).

Quem poderia aconselhar-me sabiamente sobre vaidade, velhice e fé sem religiosidade? Peguei o telefone e mandei uma mensagem para Linda Mar –aquela ex-chefe que não teve filhos e que julguei, no passado, que iria se arrepender. Contei sobre o livro e convidei-a para um jantar.

CAPÍTULO 12
HEI DE VENCER

Linda Mar chegou pontualmente à minha casa às 18h de uma fria quinta feira de junho. Perfumada, muito bem vestida e um pouco desconsertada com esse convite inusitado. Entregou-me um belíssimo vaso de orquídea Oncidium Sharry Baby que exalava um aroma achocolatado e tinha uma borboletinha de enfeite. Fiquei feliz com o gesto de delicadeza. Apreço por plantas e metamorfoses são interesses que compartilhamos.

Em cima da bancada estavam petiscos, doces finos e vinho. No cantinho, deixei à mostra a pilha de livros sobre maternidade e o meu *notebook*. No celular tinha preparado uma lista de perguntas que desejava fazer a ela. Assistimos brevemente ao pôr do sol da sacada, conversamos sobre amenidades, brindamos à nossa saúde e amizade. Ambas se emocionaram, pois o carinho mútuo mantinha-se presente apesar dos sete anos que separavam nossa relação profissional.

Atualizamos uma à outra sobre a vida de forma geral. Em seguida, contextualizei meu momento atual, o projeto do livro e como ela fazia parte importante desse processo mesmo sem saber. Linda Mar não teme objetividade, portanto, minha primeira pergunta foi direta:

— Linda, o que mais escuto das pessoas que têm filhos é que eu vou me arrepender de não tê-los. Seja sincera comigo, hoje com 76 anos você se arrepende?

— Não, absolutamente não.

—Mas foi uma decisão refletida e deliberada, ou a vida escolheu por você e você aprendeu a aceitar e ficar bem com isso?

—Um pouco dos dois.

Os detalhes que se seguiram após essas falas ficarão só entre nós, afinal, não era uma entrevista com termo de consentimento assinado para divulgação pública do conteúdo, era uma conversa íntima entre amigas de diferentes gerações.

Posso assegurar a você, querida leitora, que muito do que ela compartilhou já estava nas páginas escritas desta obra. As diferentes formas de realização que uma mulher pode experimentar, os laços afetivos que sobrepõem os laços sanguíneos, o autoconhecimento sobre valores e limites inegociáveis, a censura –explícita e velada – que acompanha mulheres que não se conformam a expectativas sociais.

Foram quarto horas e meia de conversa ininterrupta[39]. Relatos pessoais, dicas de livros, de destinos para viagem e de recomendações. Não sei se você, leitora, tem uma mulher madura e sem filhos para travar um valioso diálogo. Se tiver, faça-o! Ele me trouxe muita segurança para imaginar uma versão futura de mulher sem filhos com uma vida repleta de realizações, ainda que não isenta de provações e de dúvidas que seguirão sem repostas absolutas.

Permita-me um conselho. Quer você escolha ter ou não filhos, é muito valioso conversar com mulheres que você admira e que estão numa fase mais avançada da vida que a sua. Amigas da sua idade compartilhando sobre a experiência delas é um recorte muito limitado.

Tias, mães e sogras compartilhando sobre a experiência delas é um recorte muito enviesado! Você acha que sua mãe e sogra confessariam que preferiam não ter sido mães caso elas se sentissem assim? Você acha

39 Fiz um breve vídeo sobre esse momento. Mate sua curiosidade clicando neste link: https://www.instagram.com/reel/CuKUvwBA2DV/?utm_source=ig_web_copy_link&igshid=MzRlODBiNWFlZA==

que sua avó e tia coruja não vão querer te convencer a trazer bebezinhos lindos para a família?

Antes de se decidir, escute ao máximo de mulheres que puder. Acolha todos os relatos como individuais. Tenha astúcia sobre as intenções por trás de cada conselho, pois a imparcialidade é uma falácia.

Letícia Tomazella –escritora e madrasta orgulhosa–utiliza o termo "maternidade marginal" para descrever cuidados e "maternagens" exercidos com filhos de outras mulheres. Quando perguntei a Linda Mar se ela se considerava mãe de alguém ela disse que, no passado, sim, mas me alertou sobre o risco de sermos invasivas, ainda que bem-intencionadas.

Por isso, ela tem auxiliado toda família com mais atenção para não chamar para si responsabilidades excessivas em termos de educação, suporte financeiro etc. em relação a sobrinhos e afilhados. Foi necessário redesenhar alguns limites. Suponho que todas as mulheres precisem policiar-se nesse sentido: diferenciar expectativa de escolha e apoio de responsabilidade ou obrigação.

Linda Mar e eu reconhecemos que nem sempre uma mulher sabe não ser mãe. Engraçado isso. É como se nosso *default,* nosso "padrão de fábrica", fosse gerar, parir, cuidar e educar. Se não cumprimos com algum desses "pré-requisitos" estamos com defeito e/ou inconscientemente sentimos que precisamos compensar, de alguma forma, com algum outro membro da família.

Por exemplo, quantas "beatas" –não é o termo mais apropriado, mas você entende o que quero dizer –viraram as cuidadoras *full time* dos pais idosos enquanto os(as) irmãos(ãs) se ocupavam exclusivamente de seus filhos e cônjuges?

Quantas pessoas abusam da sua rede de apoio, porque acham que pessoas aposentadas, com filhos adultos ou sem filhos têm obrigação de estar disponíveis para apoiá-las sempre que precisarem?

Entendo estas suposições como inadequadas, mas há quem considere esses rearranjos com naturalidade. Não à toa mulheres sem filhos que se recusam a estar sempre disponíveis para "socorrer" familiares, colegas de trabalho e/ou amigas mães são mais facilmente tachadas de egoístas. Talvez este seja um adjetivo que me será comumente atribuído.

Meu avô materno, Ilydio, foi uma figura muito influente para mim e dele guardei duas importantes lições:

1. Mesmo tentando fazer o nosso melhor, seremos incompreendidos por pessoas amadas.
2. Algumas pessoas subestimarão nossos acertos e insistirão em enxergar nossos erros como premeditados.

Ele não se comunicava muito bem, teve pouco estudo e era bastante impaciente para travar diálogos demorados, mas era um homem de muita ação. Um fazedor obstinado e generoso, mas também impositivo e, às vezes, imprudente. Eu o admirava e amava de todo o meu coração e até hoje sinto muita falta do meu vovozão –ele sempre sorria quando eu o chamava assim.

Por que, de repente, comecei a contar sobre ele? Porque enquanto reflito sobre lutas, escolhas, vida vibrante, julgamentos alheios, velhice e morte, ele me vem em mente. Escolhi como título deste capítulo a profecia que ele tinha pintada na lona do seu primeiro caminhão e que está cravada no coração de todo obstinado: Hei de vencer!

Eu lamento que o senhor não tenha vivido o bastante para ler o meu livro, vovozão! Será que o senhor teria paciência de lê-lo? Acho que não. Mas tenho certeza de que mesmo querendo muito um(a) bisneto(a), mesmo discordando de alguns dos meus pensamentos e valores o senhor falaria: *Se você está feliz, minha neta, o vovô está feliz por você! De onde o senhor estiver, peço que assopre nos ouvidinhos das pessoas que quiserem convencer-me a viver uma vida diferente da que eu escolhi para mim: Confie, Larissa também há de vencer!*

CAPÍTULO 13
UM CONVITE PARA MULHERES CORAJOSAS

Comentários do tipo 'meu maior sonho é ter filhos' sempre ressoavam de uma forma peculiar em meu íntimo. Permitam-me confessar: já sonhei em ter filhos brilhantes (apenas estes), mas a maternidade sempre foi uma possibilidade para mim, nunca o ápice absoluto da autorrealização pessoal. E, para ser sincera, tenho a forte impressão de que pessoas que depositam expectativas tão elevadas de autorrealização na parentalidade podem, no futuro, se deparar com sérias frustrações.

Acho curiosas as variações modernas criadas para incluir as "não mães de pessoas" na categoria elegível para receber presentes no segundo domingo de maio[40]. Se você, leitora, se identifica como "mãe de pet" ou

40 Dia das Mães. A festividade surgiu nos Estados Unidos, com a iniciativa da ativista Ann Maria Reeves Jarvis, que fundou em 1858 os Mothers Days Works Clubs com o objetivo de diminuir a mortalidade de crianças em famílias de trabalhadores e o movimento foi ganhando força nos EUA agregado de pedidos de paz e desarmamento depois da Guerra de Secessão. Anna Jarvis, sua filha, dois anos após a morte da mãe, criou um memorial à Ann Maria e iniciou uma campanha para que o Dia das Mães fosse um feriado reconhecido, mas com a crescente difusão e comercialização do Dia das Mães Anna Jarvis afastou-se do movimento, lamentou a criação e lutou para a abolição do feriado. No Brasil e nos Estados Unidos, o Dia das Mães é a segunda melhor data do comércio, depois do Natal. Fonte: https://pt.wikipedia.org/wiki/Dia_das_M%C3%A3es

'mãe de planta', não tenho dúvidas sobre o amor e a devoção que dedica a essas vidas, mas eu, pessoalmente, apesar de já ter tido cãezinhos e amar minha floresta caseira, não me considero mãe de nada que não tenha nascido ou sido registrado em cartório. Isso porque compreendo que a maternidade humana exige responsabilidades e dedicações de proporções e impactos individuais únicos e incomparáveis.

Nós, mulheres, precisamos refletir sobre o "sonho de ser mãe".Este é um convite para mulheres corajosas.

Um provérbio erudito diz que "a sabedoria reina, mas não governa". Quem governa é a ação. O agir deliberado, refletido, ponderado é, para o grande filósofo Aristóteles, a prudência. Seria prudente uma pessoa meticulosa entrar de cabeça na possibilidade do caos, ou se arriscar a ultrapassar um limite prejudicial para si?

Ser mãe pode ser um erro para algumas pessoas. Isso não significa falta de amor para com o(a)(s) filho(a)(s). Mas pode significar um arrependimento irreversível da condição de ser mãe. Ainda que muitas pessoas insistam no contrário: "Se você não for mãe, vai se arrepender"!

Em 2017, a socióloga e escritora israelense Orna Donath publicou um livro polêmico com 23 depoimentos de mulheres de perfis diversos que afirmam se arrependerem de terem sido mães.

Donath zelou por diferenciar conceitualmente ambivalência de arrependimento, demonstrando que o segundo é, de fato, o desejo de voltar ao passado e fazer diferente, ou seja, por entenderem que as desvantagens superam as vantagens da experiência de ter filhos, essas mulheres preferiam não os terem tido.

É interessante destacar que sua amostra era composta por mulheres de um a quatro filhos, de zero a 48 anos, filhos naturais e oriundos de reprodução assistida, algumas apenas mães e outras já avós, mas nenhuma mãe solo ou mãe adolescente (que tenha tido filhos antes dos 18 anos) e apenas uma mãe atípica[41], ou seja, a maioria tinha condições consideradas minimamente "favoráveis" para exercerem suas jornadas de cuidado.

Para mim, o grande *insight* ao ler este livro foi passar e entender a maternidade como uma relação humana e não como um papel social a ser desempenhado por mulheres. Relações não podem ser forçadas ou impostas, papéis, sim.

Relações podem existir de maneira aprazível ou destrutiva, papéis também. O ponto em comum entre ambos é a complexidade. Não existe um único e melhor jeito de construir relações ou de desempenhar papéis. Cabe a cada uma de nós saber o que se encaixa no nosso universo único e particular.

Entre não ser mãe, ser mãe, ser boa mãe, ser realizada, ser autêntica e ser leve existe uma infinidade de combinações possíveis para as mulheres. Considerar as infinitas possibilidades nos direciona a exercer a maternidade apenas quando é isso o que desejamos de fato, mas tendo consciência das implicações e decorrências dessa decisão irreversível e passível de arrependimento.

Ser mãe é renunciar a uma parte da nossa individualidade, não ser mãe é renunciar a uma expectativa da coletividade.

Como brilhantemente disse Jeanne Safer:

A autoaceitação real, a liberação real envolvem reconhecer as limitações, não negá-las grandiosamente. É verdade, e deve ser reconhecido, que as mulheres podem se sentir satisfeitas com ou sem filhos, que você pode definitivamente ter o suficiente sem ter tudo. Quão afortunados somos por viver em uma era em que podemos fazer escolhas profundamente ponderadas sobre qual vida

41 "Mãe Atípica" é o termo utilizado para se referir a mães que possuem filhos com alguma deficiência ou síndrome rara e que, portanto, têm um desenvolvimento comprometido ou diferente em relação a pessoas típicas. Além da sobrecarga natural da maternidade, essa mulher ainda precisa preocupar-se com os cuidados especiais desta criança.

nos convém, e que agora o mundo parece um pouco menos desconfiado se formos contra o fluxo[42].

Talvez não haja relação mais visceral do que a de mãe-filho(a), mas lembre-se, pode não ser uma relação que eu e você desejamos construir na nossa jornada particular. A resposta virá da reflexão honesta.

Ainda que muitas pessoas defendam que a maternidade não deva ser racional, eu discordo. Mulheres corajosas ousam refletir, não são meras reprodutoras de padrões do passado. Se forem mães, buscarão educar seus filhos de forma mais consciente, inclusiva e afetuosa. Se não forem mães, viverão plenamente sem filhos e não se sentirão acuadas por comentários conservadores ou pró natalistas.

Mulheres corajosas bancam suas decisões e se, no futuro, sentirem arrependimento por terem ou não terem tido filhos, não deverão ter vergonha de reconhecê-lo. A vida não é feita apenas de acertos. Caberá a elas -a mim e a você - fazer os ajustes possíveis, sem amarguras, e seguir em frente. Sempre de cabeça erguida!

42 Tradução livre de: Real self acceptance, real liberation, involves acknowledging limitations, not grandiosely denying them. It is true, and should be recognized, that women can be fulfilled with or without children, that you can most definately have enough without having everything. How fortunate we are to live in an era when we can make deeply considered choices about which life suits us, and that now the world looks slightly less askance if we go against the flow.
Beyond Motherhood, apud Selfish, Shallow, and Self Absordbed, p.198.

CAPÍTULO 14
SERENIDADE NÃO É FELICIDADE

ANTES DE ACEITAR MEU CONVITE PARA UMA VIDA SERENA, BASEADA no autoconhecimento e na autenticidade de escolha, é importante lembrar que serenidade não é sinônimo de felicidade.

Tanto mulheres que são mães quanto aquelas que não o são enfrentarão, em diversos momentos da vida, uma mistura de felicidade e tristeza resultante das escolhas relacionadas à maternidade. Além disso, a ambiguidade também desempenha um papel significativo em todas as outras decisões que tomamos, seja escolhendo trabalhar de forma remunerada ou assumindo integralmente as tarefas domésticas, decidindo morar próximo ou distante da família, optando por casar-se ou permanecer solteira, buscando especialização em uma área específica ou embarcando em mudanças de rumo que envolvem diferentes ciclos de conhecimento. Não podemos nos proteger seletivamente das emoções, pois viver é experimentar um conjunto completo e complexo de sentimentos.

Cláudia -uma mulher com quem conversei por horas a fio em uma viagem a Belo Horizonte - cresceu em um lar de muita violência e escassez. Descobriu que era adotada aos 22 anos enquanto era agredida pelo padrasto que, até então, acreditava ser o seu pai, pois era o nome registrado em sua certidão de nascimento. A mãe biológica nunca teve coragem de contar a verdadeira história, era corroída por culpa e vergonha e, até hoje, tem dificuldade de falar no assunto.

Investiu nos estudos, na profissão, casou-se e hoje tem dois filhos – um jovem universitário e um "rapa de tacho" que veio de surpresa aos 33 anos. Além do famoso dilema feminino de conciliação entre casamento, maternidade e carreira, Cláudia compartilhou comigo o episódio em que, usando suas próprias palavras, "tirou o filho do armário".

Seu primogênito desde bem pequeno se comportava de forma muito diferente do primo da mesma idade. A família suspeitava que ele era *gay*, mas ninguém tocava no assunto. O rapaz andava sem brilho, sem muitas palavras e ela preocupava que o filho não teria a adolescência que ela julgava saudável: cheia de experiências, descobertas, amizades e romances.

Foi então que ela tomou a iniciativa. Chamou-o para uma conversa e, com muito amor e acolhimento, disse:

— *Filho, tenho te achado triste e acho que sei o motivo. Quero que você saiba que aqui em casa você nunca será julgado por ser quem você é. Quero que você tenha liberdade de viver da maneira que te faça feliz, fazer suas próprias escolhas desde que não faça mal a ninguém. Eu vejo que você é diferente do seu primo e alguns filhos das minhas amigas e eu te amo do jeitinho que você é. Se quiser conversar comigo sobre alguma coisa, estou aqui pra você. Sempre. Algumas pessoas, talvez até o seu pai, podem agir diferente de mim, mas você tem uma família que te ama muito*!

O rapaz compartilhou que gosta de homens e mulheres. O brilho voltou aos olhos. Para a mãe foi uma surpresa, ela achava que ele era "só" gay, mas ela tem trabalhado para compreender os diferentes arranjos sexuais que as novas gerações experimentam e que, há alguns anos atras, não eram abertamente discutidos.

Estão reservadas ao tempo as respostas para perguntas do tipo: Ele terá um relacionamento estável com uma pessoa só? Ele vai trazer namorados e namoradas para nos apresentar? Ele terá filhos? Ele sofrerá violência e preconceito na rua?

Fato é: a falta de aceitação que algumas pessoas demonstram pela bissexualidade o deixam infeliz, mas ele está sereno. Ele pode ser quem ele é e tem pessoas que o amam e o acolhem. A mãe não esperava que um dia viveria isto na sua família, mas ela está serena em ver que seu filho não está vivendo uma vida de fachada e sendo corroído por dentro.

Cláudia também não esperava que a história de sua família seria contata em um livro e serviria de "tapa na cara" necessário. Afinal, homens e mulheres que idealizam filhos saudáveis, bonitos, inteligentes, heterossexuais, bem sucedidos, ricos, famosos, honestos, amorosos, bondosos, carismáticos, desenvoltos, altruístas, religiosos, futuros sucessores do negócio da família etc. não deveriam ter filhos! Estamos falando sobre pessoas e não há nada mais imprevisível do que gente.

Tenha ou não tenha filhos pelos motivos certos, afinal, sua escolha impactará as próximas gerações!

Serenidade é um estado de paz que permanece inabalável diante das circunstâncias externas. Trata-se de uma sensação de tranquilidade interna, caracterizada pela cessação dos conflitos mentais do "e se..." e do "por que?". Nesse estado, nos sentimos confortáveis em nossa própria pele e confiantes em nossa capacidade de enfrentar qualquer desafio que se apresente externamente.

Durante a escrita deste livro conversei com inúmeras mulheres cujos relatos não foram inseridos aqui à pedido delas ou por escolha minha, afinal, apesar de entender que livros são "organismos vivos" e nunca estão de fato acabados, sentia que as mensagens principais já estavam contempladas aqui e o projeto estava pronto para ser lançado.

Hoje, estou fortemente inclinada a não ter filhos, mas confesso que posso considerar a adoção como escolha futura. Tenho considerado uma nova categoria para mim mesma: mulheres que não querem ser mães de bebês nem de crianças. Posso imaginar alguns questionamentos vindo em minha direção:

"Como assim, Larissa, a infância é a época mais fofa e de maior construção de vínculo entre a mãe e os filhos"!

"Se está aberta a adotar no futuro e tem um útero saudável, por que não ter logo um filho biológico"?

A estas pessoas eu responderia com perguntas: você acha correto "voltar uma pessoa para o armário"? Fazer uma pessoa sentir que seus desejos e escolhas deveriam ser reprimidos ou alterados? Ou seria melhor respeitar as decisões alheias tomadas de forma madura e honesta? Não seria o respeito o antídoto mais poderoso contra a dissuasão e a persuasão?

"Ah, você está perdendo tempo e não conhecerá o maior amor do mundo"!

Talvez eu queira aproveitar meus anos de saúde e vitalidade de uma forma diferente das mulheres que escolheram maternar antes dos quarenta e poucos anos. Talvez meu relacionamento amoroso me satisfaça de uma maneira que eu não sinta falta de mais alguém na nossa rotina. Eu sonho em fortalecer mais minha carreira, desbravar inúmeras cidades do mundo e viver experiências extremamente satisfatórias para então, talvez, me "aquietar" por volta dos 45-50 anos, escolhendo e sendo escolhida para tutelar um jovem. Ou, talvez, lá na frente eu decida apenas continuar sendo uma tia ou madrinha participativa, conselheira e confidente. Gosto da ideia de influenciar positivamente uma vida sem exercer "autoridade genética".

No último Natal, defini um orçamento e fui ao *shopping* com afilhados para escolherem o que quisessem dentro do valor combinado. Entramos em várias lojas e reservamos opções. Falamos de dinheiro, de amizades, de escola. Quão grande a minha alegria quando livros foram escolhidos de presente por entenderem que a leitura faz deles pessoas mais interessantes!

Na última Páscoa, organizei uma confecção de ovos de chocolate que rendeu boas risadas e muita diversão. Comprei forminhas, corante, confeitos e muito chocolate. Coloquei música educativa do EmCantar Cia Cultural[43] e no fim de tudo, enquanto lavava a louça, ouvi da Clarinha na "sabedoria" dos seus onze anos: "*Dinha, você seria uma mãe muito legal*"!

43 https://www.emcantar.org/

Gustavo me lançou um sorriso. Na sequência veio o pedido: "*Posso dormir aqui hoje*"? Talvez ela realmente acredite nisso. Ou, provavelmente, ela quisesse me agradar para conseguir dormir fora de casa, comer bobagens e dormir tarde. Talvez um pouco dos dois. Talvez eu goste de viver experiências pontuais e marcantes, mas não queira a rotina desgastante da criação.

"*Então você considera a possibilidade futura de adoção de uma pessoa jovem porque não gosta de bebês nem de crianças*"? Outra típica pergunta que imagino as pessoas querendo me fazer. Encanto com a paz de espírito e a curiosidade dos bebês, adoro a espontaneidade, a leveza, a criatividade e a disposição das crianças. Eis do que não gosto muito: mães de bebês e de crianças.

Por ser uma fase muito exaustiva e de tremendas adaptações, conheci versões das minhas amigas mães que não almejo reproduzir. E talvez, no meu íntimo, por saber que eu não conseguiria escapar, prefira não seguir pelo mesmo caminho. Ainda que seja uma fase temporária, acredito que essa experiência deixa cicatrizes.

O que eu tenho como certa é a serenidade da renúncia. Renuncio a ser uma versão previsível, enquadrada em expectativas que não são minhas, alinhada com as versões que minha mãe, tia, avó, bisavós puderam acessar e não uma versão alinhada com as mulheres do meu tempo.

Honro as mulheres que vieram antes de mim, e sendo uma versão autêntica e respeitosa, honro aquelas que virão depois de mim. Não precisam vir através de mim. Podem vir através de você, da sua amiga, das minhas queridas amigas, primas e afilhadas. Mas não precisam vir do meu útero.

Não serei menos mulher ao renunciar à maternidade ou se decidir exercê-la no futuro de uma forma não convencional e não biológica.

Renuncio a ser mãe agora por amor a mim mesma, sobretudo, mas também por você, que eu talvez nunca venha a conhecer, mas que está ligada a mim pela coragem e pelo desejo de construir uma vida autêntica e serena –com ou sem filhos.

Em uma das últimas ligações que recebi do meu pai ele disse:

— *Sabe, filha, decidi que não vou ter mais intercorrências neste tratamento. Quero ir embora para casa. Quero acabar logo com isso de ficar em hospital. Não demoro, tá bom?*

Achei curioso ele pensar que ainda faltava uma decisão. Às vezes, é isso mesmo que nos liberta: "redecidir" o que parecia já estar decidido por nós. Se tudo vai se concretizar como ele profetizou, só o tempo dirá, mas sua "redecisão" foi tomada. A minha também. Está pronta para tomar a sua?

FIM

EPÍLOGO E DESAFIO

Felizmente como desejado por meu pai, no dia 06 de maio de 2023 ele retornou à sua casa em Uberlândia, MG. Foi recepcionado com balões vermelhos para representar seus glóbulos saudáveis, chuva de confete, coroa de vencedor e seu bolo favorito de cenoura com calda de chocolate.

Minha irmã e meu sobrinho organizaram tudo com muito carinho. Eu fiquei emocionada em vê-lo ainda meio incrédulo olhando para cada detalhe, sorrindo e chorando assim como nós.

Ele ainda terá um longo caminho pela frente. Não só para sua reabilitação completa, mas para redescobrir-se. O tratamento deixa sequelas e impõe algumas limitações permanentes. Mas também abre lindos caminhos que ele poderá desbravar. Ontem mesmo compartilhei com ele uma receita de marinada de costelinha porco. Quem sabe aos 65 anos ele comece a manusear o fogão e aprenda um novo ato de amor: cozinhar?

No mesmo dia da sua chegada, também reencontrei Gustavo que estivera há duas semanas viajando de moto pela América do Sul. Quando nos abraçamos pensei em uma frase da Michelle Obama sobre Barack: *He's my home*. Acho tão mais profundo e saudável do que o meloso *He's my everything*.

Naquele abraço repleto de saudade e de felicidade genuína pelo reencontro, senti sem sombra de dúvida: Gustavo é meu lar. E o mais curioso é que, por ele não ser o meu "tudo" esse sentimento convive pacificamente com a possibilidade de um dia eu precisar encontrar um novo lar.

Eu sinto reciprocidade no amor, mas não no sentimento de "ser suficiente" para ser seu lar. Hoje ainda sinto que ele quer uma família maior, um lar que também seja composto por filhos.

Não importa o que ele me diga da boca para fora. Somente seus olhos e seu comportamento diário me darão a segurança de ser ou não suficientemente sua família ou se não passarei de uma mulher muito amada e desejada por ele, mas com a qual ele se casou com *strings attached*[44]. Uma mulher sem filhos pode não ser desejada no seu backyard (NIMBY). Espero conseguirmos conversar bastante quando ele finalizar esta leitura.

Escrever este livro me ajudou a perceber meus valores, respeitar o tempo e a dedicação necessários para tomar decisões complexas com mais sabedoria. Compreendi que a maternidade faz parte da minha feminilidade, mas não é condição *sine qua non*. Estou mais madura e consciente para ser quem realmente quero ser como mulher. Espero que minhas leitoras também se sintam assim!

44 condições implícitas

A você, que até aqui me acompanhou, minha mais sincera gratidão! Questionei em vários momentos se deveria de fato tornar públicos trechos dos meus diários. Tive dúvidas se minha história teria real serventia para outras mulheres. No entanto, disse à mim mesma: só escreva! Vá até o fim e, quando tiver tomado a sua própria decisão sobre maternidade, resolva, então, se irá compartilhá-la com outras pessoas além do Gustavo.

Refleti: na pior das hipóteses ninguém mais lerá, no entanto, ainda assim terá sido válido para minha jornada. Já no melhor cenário, terei sido fator de soma na vida de outras mulheres que estejam atravessando o momento de dúvida e de reflexão sobre a maternidade no qual eu me encontrava quando comecei a escrever.

Sei que não propus reflexões fáceis. Sei também que você possa ainda precisar de mais tempo e de recursos adicionais para tomar a sua decisão. Se quiser conversar, envie um e-mail para larissa@larissacruvinel.com.br ou uma mensagem para @larissa.cruvinel no Instagram. Adorarei te conhecer, saber mais sobre a sua relação com a maternidade e, quem sabe, te apoiar em próximos passos. Com certeza terei lido mais livros após a escrita deste, terei tido novas vivências e conversado com mais pessoas, portanto, terei um repertório ainda mais robusto para te auxiliar.

Pode ser também que o melhor que eu consiga fazer seja apenas te ouvir e torcer para que você encontre o seu próprio caminho, seguindo outros passos além dos que eu sugeri. O importante é que não nos sintamos sós! Que não tenhamos medo de questionar o "chamado para a maternidade" e sejamos corajosas o suficiente para vivermos uma vida intencional. Que o nosso reflexo no espelho nos reconheça.

Para finalizar, quero te propor um desafio. Mas antes, deixe-me contextualizar. Você sabia que são publicados, em média, 2.000 novos livros por mês no Brasil? Considerando que não somos uma nação com alto índice de leitura –anualmente brasileiros leem cerca de cinco livros –as chances de um livro independente como este alcançar nacional são baixas. Por isso, todo apoio é muitíssimo bem-vindo e relevante!

Se esta obra foi útil para você, se realmente gostou e acha que outras mulheres podem se beneficiar deste livro peço, gentilmente, que você faça o seguinte:

- deixe uma sincera avaliação na Amazon ao finalizar a leitura. Quanto mais avaliações cadastradas na plataforma mais pessoas receberão esta obra como indicação;
- publique na sua rede social de preferência uma menção ao livro usando as hashtags:
    - #aserenidadedarenuncia
    - #dicadelivro
    - # bestseller
    - #pintapretaescritora
- Siga o perfil @larissa.cruvinel e interaja sempre que gostar de algum conteúdo. Fique à vontade para propor novos temas de discussão ou tirar dúvidas nas caixinhas. Meu interesse com este perfil é criar uma comunidade de mulheres autênticas e abertas para reflexão.
- Envie um e-mail para larissa@larissacruvinel.com.br, assim você ficará sabendo de oportunidades para presentear outras mulheres com o livro físico e, quem sabe, descobrir em primeira mão o lançamento de novas obras. Peguei tanto gosto pela rotina diária de escrita que ousaria seguir aprimorando-me nela. Estou pensando em compartilhar minhas experiências viajando sozinha. O que você acha?

Querida amiga leitora –já posso te chamar assim? –você é parte importante da minha jornada de conquista da serenidade. Te imaginava todas as vezes em que pensei em parar de escrever. Graças a você, escrevo estas últimas linhas com lágrimas de gratidão escorrendo em meu rosto.

Não foi fácil para mim tomar minha decisão sobre maternidade. Não será para você. Mas, confie, é libertador! Sigamos juntas renunciando a tudo o que nos afasta de nós mesmas! Receba meu abraço repleto de afeto. Daqui, posso sentir o seu.

SOBRE A AUTORA

Nascida em Uberlândia-MG no dia 15 de janeiro de 1988, Larissa Cruvinel é uma típica mineira reservada e capricorniana obstinada que coleciona 23 anos de escrita e leitura sobre temas diversos. Sua marca registrada é o olhar atento e sensível –ainda que cada vez mais cheio de ruguinhas já que ela prefere investir em livros e viagens do que em Botox.

Mestre e Bacharel em Administração pela Universidade Federal de Uberlândia com estudos complementares na Université de Savoie (França) e HEC Montreal (Canadá).

Larissa atuou em âmbito gerencial em diversas organizações nacionais e internacionais. Atualmente, é consultora empresarial, criadora de conteúdo sobre dilemas femininos e empreendedora no mercado digital. Também realiza palestras e mediações de rodas de conversa sobre temas abordados em seu livro.

Para mais informações visite o seu perfil no Instagram @larissa.cruvinel

Email: larissa@larissacruvinel.com.br

CLUBE DE LEITURA

A SEGUIR, DE FORMA CONSOLIDADA, APRESENTO A LISTA DE TODAS as obras literárias que escolhi para meu processo de imersão sobre a maternidade/não maternidade e afins. Caso deseje se inscrever na próxima turma do Clube do Livro envie uma mensagem para pinlarissa@larissacruvinel.com.br. Quando as inscrições forem liberadas, você ficará sabendo em primeira mão sobre todos os detalhes como cronograma de leitura, autoridades convidadas e cupom de desconto para minhas queridas leitoras.

Realizaremos encontros virtuais e um encontro presencial de encerramento anual para lermos e discutirmos juntas o conteúdo e as reflexões suscitadas durante as leituras.

Até lá, sinta-se à vontade para estudar e desfrutar destes maravilhosos conteúdos de forma autodidata:

Livros sobre maternidade e não maternidade

1. As alegrias da maternidade – Buchi Emecheta (2017)
2. No Kid: 40 razões para não ter filhos – Corinne Maier (2008)

3. A culpa é da mãe: Reflexões e confissões acerca da maternidade – Elisabeth Monteiro (2012)
4. *The conflict: how modern motherhood undermines the status of women* – Elisabeth Badinter (2012)
5. Um amor conquistado: o mito do amor materno – Elisabeth Badinter (1988)
6. Mães arrependidas – Orna Donath (2017)
7. Você tem filhos? Como as mulheres vivem quando a resposta é não – Kate Kaufmann (2021)
8. Maternidade e antimaternidade lúcida. A escolha é sua – Jackeline Bittencourt de Lima (2009)
9. Ser mãe é fxd@: mulheres, não maternidade e mídias sociais – Ana Luiza de Figueiredo Souza (2022)
10. Mãe fora da caixa – Thais Vilarinho (2017)
11. A filha da minha mãe e eu – Maria Fernanda Guerreiro (2012)
12. Vale a pena ter filhos! – Bárbara Coloroso (2017)
13. Maternidade: Um romance – Sheila Heti (2019)
14. Homens, mulheres e filhos – Chad Kultgen (2015)
15. *Selfish, shallow, and self-absorbed: sixteen writers on the decision not to have kids* – Megan Daum (2015)
16. A maternidade e o encontro com a própria sombra – Laura Gutman (2010)
17. Além da maternidade: optando por uma vida sem filhos – Jeanne Safer Ferreira e Eduardo Pereira (1997)
18. *Someone other than a mother: flipping the scripts on a woman's purpose and making meaning beyond* – Erin S. Lane (2022)
19. *Childless revolution* – Madelyn Cain (2001)

Livros sobre paternidade e não paternidade

1. Homens, mulheres e filhos – Chad Kultgen (2015)
2. O papai é pop – Marco Piangers (2015)
3. Pai de menina – Marcos Mion (2022)
4. Como nascem os pais: Crônicas de um Pai Despreparado – Renato Kaufmann (2015)
5. Reflexos da paternidade: crônicas – Leonardo Cerbino Orofino (2020)

Livros sobre maternidade/paternidade marginal [madrasta/padrasto] e fertilidade afetiva [adoção]

1. Madrasta é a mãe – Letícia Tomazella (2022)
2. Tornando-se pais: a adoção em todos os seus passos – Gina Khafif Levinzon (2014)
3. Vida de adotivo: a adoção do ponto de vista dos filhos – Alexandre Lucchese (2021)